应天地之情而勿撄

《庄子》"无名之道"研究

黄颖　著

大连出版社
DALIAN PUBLISHING HOUSE

© 黄颖 2024

图书在版编目（CIP）数据

应天地之情而勿撄：《庄子》"无名之道"研究 /
黄颖著. -- 大连：大连出版社, 2024. 10. -- ISBN
978-7-5505-2292-3

Ⅰ. B223.55

中国国家版本馆CIP数据核字第2024XS8851号

YING TIANDI ZHI QING ER WU YING : ZHUANGZI WUMINGZHIDAO YANJIU

应天地之情而勿撄：《庄子》"无名之道"研究

责任编辑：金　琦
助理编辑：姜国洪
封面设计：王天用
责任校对：郑雪楠　杨　琳
责任印制：徐丽红

出版发行者：大连出版社
　　　地址：大连市西岗区东北路161号
　　　邮编：116016
　　　电话：0411-83620573 / 83620245
　　　传真：0411-83610391
　　　网址：http：// www.dlmpm.com
　　　邮箱：dlcbs@dlmpm.com
印　刷　者：三河市同力彩印有限公司

幅面尺寸：160 mm × 220 mm
印　　张：14.25
字　　数：186千字
出版时间：2024年10月第1版
印刷时间：2024年10月第1次印刷
书　　号：ISBN 978-7-5505-2292-3
定　　价：68.00元

目次

第一章

绪 论

第一节　研究缘由

关于《庄子》及其作者的相关议题虽有争论，但一般皆认为《庄子》内篇为庄子本人所著，《庄子》外、杂篇为庄子后学的作品。[1] 对于研究庄子哲学而言，以《庄子》一书为基础并无太大问题，故本文在研究的过程中，不拘于内、外、杂篇的风格，将《庄子》三十三篇作为"庄子哲学"的思想整体来对待。

当代对《庄子》有许多不同诠释面向切入的研究，如心灵哲学、语言哲学、美学、工夫论、知识论、政治哲学等面向，这些讨论或多或少地关注到了庄子对人类生命存在的价值关切，关注到了庄子哲学对政治、文化和认识活动的关注与反思。

庄子哲学诞生的时代思想背景，一方面，周代的礼制逐渐崩溃。周代的礼制曾在相当长的一段时间中持续发挥着规范社会生活秩序的作用。王国维在其《殷周制度论》中，曾对周代之礼构建的深层文化原因进行了分析，指出："有制度、典礼以治、天子、诸侯、卿、大夫、士，使有恩以相洽，有义以相分，而国家之基定，争夺之祸泯焉。民之所求者，

---

[1]　对于《庄子》与庄子的讨论，刘笑敢认为，庄子本人约处于战国中期，而内篇亦可能为战国中期作品，故内篇应为庄子本人的作品；而外、杂篇就其内容而言，大致可分为"述庄派""黄老派""无君派"三类，此三类文章皆为庄子后学的作品，与庄子本人思想均有关联，其完成最晚约战国末年之前。故整体观之，《庄子》可视为庄子及其后学的作品总集，而二者所处之年代大约为战国中期到晚期之间。（刘笑敢：《庄子哲学及其演变》，中国社会科学出版社，1988，第3-103页。）本文采用刘笑敢的观点，将《庄子》涵括了庄子本人的作品及其相关后学的作品，而《庄子》与庄子本人所处年代约为战国中晚期。

莫先于此矣。……此之谓治。反是，则谓之乱。是故，天子、诸侯、卿、大夫、士者，民之表也；制度、典礼者，道德之器也。周人为政之精髓，实存于此。"[1] 王国维深刻指出，周代礼制构建的政治文化，是将一种既定的等级秩序与伦理秩序相结合，通过礼乐来规范社会生活中的尊卑等级秩序。

另一方面，由于礼崩乐坏，各家纷纷提出自己的思想主张，知识分子注重"为治"之道，关切的主体是围绕"政治"而发，目的是建立一个和谐的"秩序"[2]。司马谈曾言："夫阴阳、儒、墨、名、法、道德，此务为治者也，直所从言之异路，有省不省耳。"[3]（《史记·太史公自序》）司马谈清楚地点出当时的文化生产主要围绕"为治"之道，关切构建一个理想的社会秩序，所有的社会成员按照一种和谐的方式展开生活和实践。各家对于社会秩序的思想构建围绕规范和价值展开，儒家想要将社会生活恢复到人人自觉展开道德实践、持续生发道德价值的理想状态中来。如张德胜认为，儒家主张"以建立秩序为终极关怀，由此而发展出来一套学说，以及以之为准则的行为模式"。[4] 墨家与儒家所去不远，更讲究"兼爱"和"尚同"，因为天下动乱是源于众人自私而不相爱，主张"兼爱"，希望能"去人之自私而使之相爱"。[5] 而主张"尚同"，则能够"使个人化除自私，而归心于全体之公利"。[6] 法家对于社会秩序构建的认识建立在对人性的不信任上，希望借由外

[1]　王国维：《殷周制度论》，载《观堂集林》（外二种），河北教育出版社，2001，第 301 页。
[2]　张德胜曾言，"须知'秩序情结'不独是儒家伦理的内容，亦是中国文化的内核。"（张德胜：《中华文化与现代生活》，进一步多媒体有限公司，2008，第 205 页。）因此，对于秩序的期待，是当时知识分子的讨论重心。
[3]　司马迁：《史记》，载纪昀主编《四库全书·史部》，浙江大学图书馆藏影印本。
[4]　张德胜：《中华文化与现代生活》，进一步多媒体有限公司，2008，第 159 页。
[5]　萧公权：《中国政治思想史》，辽宁教育出版社，2001，第 137 页。
[6]　萧公权：《中国政治思想史》，辽宁教育出版社，2001，第 141 页。

力推行一种普遍的社会控制。总而言之，当时时代的思想主题是对社会的政治进行思考，诸子希望能通过新的分类范畴和文化价值、新的伦理或新的政治结构的构建，实现天下的和谐。

庄子哲学对政治的思考并非循着儒、墨或法家肯定政治秩序，从宏观的秩序想象出发进行思想构建的思路，而是更加关注个体的人，关注人微观层面存在生活，更多地站在"非社会秩序"或"无政府式的乌托邦"[1]的立场。关于庄子"治天下"的思想，明代释德清曾言："庄子之学，以内圣外王为体用，如前逍遥之至人神人圣人，即此所谓大宗师也。且云以尘垢秕糠，犹能陶铸尧舜，故云道之真以治身，其绪余土苴以为天下国家；所谓治天下者，圣人之余事也。"[2]（《庄子内篇注·应帝王第七》）依释德清，庄子哲学以"内圣外王为体用"，即将自身主体性进行消解，与万物融合而得以归返自然，"治天下"是达成"治身"时向外成就的自然而然的和谐之治，透露了一种"物"的秩序与"人"的秩序相和的可能。

一个和谐的社会秩序并非庄子哲学的最主要关切。庄子对人们的认识活动及从认识而生成的实践活动投注了非常多的关注。在《逍遥游》中，庄子的鲲鹏之喻写透了只用一套狭隘的观念体系对世界进行认识的悲剧性；在《齐物论》中，庄子通过"梦觉"之喻揭示主体对世界感受性经验的流变性，启示世人的主观认识从对世界的经验而来，后者的时空变易性质将会使得主观之知如露如电般转瞬即逝、无可拿定。在更多的篇目中，庄子认为，人们认识受到了社会普遍性话语和权威话语的影响：如，人们习惯地使用"有用""无用"这种将人物化的

---

[1] Eric S. Nelson, *Daoism and Environmental Philosophy: Nourishing Life* (London: Routledge, 2020), p.101.

[2] 憨山：《庄子内篇注》，梅愚点校，崇文书局，2015，第130页。

分类范畴进行认识和阐释，在一种无意识之中不断地用宰制的话语来生成意义和行动策略及预想，使得人们无法从这种被工具性地使用的命运之中"悬解"。

并且，庄子关注在社会生活中，人们往往将"名""利"作为生活和生命的正当之价值追求所在，将"仁义""道德""分守"之说作为实践的方向和意义根据所在。即人们将社会文化所主导的意义和价值、所规范的是非对错，作为一种天然的、正当的理念进行接受。人们实际上不断遭受社会文化的软性暴力，受到一种隐蔽却危害极大的、在头脑和意识层面起作用的软性暴力的伤害。人们受到文化暴力伤害的表现是，人们在集体生活中，总是倾向于服从集体的共识和社会的权威分类认识，即将社会宰制构建的一套范畴形式和话语作为构建私己生活和实践的阐释根据和标准。如在《庄子·人间世》之中，"天下有大戒二：其一，命也；其一，义也。子之爱亲，命也，不可解于心；臣之事君，义也，无适而非君也，无所逃于天地之间，是之谓大戒"。[1]人们普遍地将"爱亲"与"孝""义"相关联，将"事君"与"忠""德"相关联，将社会宰制的规范限制与个体"为子""为臣"的角色身份相关联。在社会中，人们面临着更多的"大戒"，即具有必然性的实践规范和要求，这些都与具有终极性根据、绝对正当的价值范畴相关联，所有的这些都凝成一种无可避免、无可奈何的命运落到人们的头上。

庄子主张"游无何有之乡"，并不希望人们的精神为社会权威的思想和规范所束缚，不希望人们的生活陷入一种必然的、无可奈何的"命"中。人们根据社会构建的价值分类和集体历史的价值共识进行认识和生成实践，尽管对于个体而言，这是自然而然的事情，但庄子觉察到这之中"有患"，隐藏着危险的因子——这意味着社会宰制所

---

[1] 陈鼓应：《庄子今注今译》，商务印书馆，2007，第 145 页。

生产的分类价值序列和阐释话语已经为人们视为天经地义，具有绝对的合法性和权威性，而这将导致人们在一种无意识之中，按照宰制对自己的分类和要求，对自己进行观看、分类和阐释；同时，他人和集体对某种价值、事物或生活方式的偏好，也通过一种自然的方式直接地成为"我"对世界的认识。进而人们便在一种主动的实践之中不断地生成宰制、他人和集体对自己的分类和要求。庄子认为在这种境况中的人实际上正遭受文化的暴力，人们的"性命之情"为"是非之彰"所戕害。就如同庄子混沌之喻中，倏忽二人欲报混沌之德，以为"人皆有七窍以视听食息，此独无有，尝试凿之"。乃至"日凿一窍，七日而混沌死"。这个隐喻引人深思的是，倏忽二人在以误识伤害混沌之前，是否也曾用一种伤害自己的误识来进行实践和活动呢？

《庄子》中有许多寓言揭示了人们行动和生活的真相，庄子关切人们受到思想和文化的暴力、不得"性命之情"的境况。

"肩吾见狂接舆。狂接舆曰：日中始何以语汝？肩吾曰：告我：君人者以己出经，式义度人，孰敢不听而化诸？狂接舆曰：是欺德[1]也。其于治天下也，犹涉海凿河而使蚉负山也。"[2]（《庄子·应帝王》）

庄子所处的时代恰逢百家争鸣，周文礼教蔚为大观，在改造社会、确定社会秩序的文化和思想勃发奔涌的背景下，文化、思想和话语的暴力是难以察觉，也难以逃开的。一方面，人们身处社会中，按照名言礼教的要求，不同的角色有不同的身份要求，不同的阶层有不同的职责和行为规范要求，这种客观的规范和是非通过一种实践感知的方式进入人们的头脑之中，成为人们心中天经地义的东西；另一方面，

---

[1] 刘凤苞指出，接舆"以'欺德'二字抉出治天下病根"，"一切出经式义，操之于己而不胜其繁重，贡之于民而相避于文法，民之畏此思逃，如鸟之高飞，鼠之深穴，是相率而为欺也"。（刘凤苞：《南华雪心编》，方勇点校，中华书局，2013，第191页。）
[2] 陈鼓应：《庄子今注今译》，商务印书馆，2007，第249页。

人们身处集体之中，所视以为天经地义的有关社会世界的观念，给人们加诸了一种来自思想的暴力、话语的暴力；即是说，人们在实践中总是无意识或不得不使用社会通行的、公共的语言和范畴系统，这些话语使人们总是按照给定的看法去看待世界，而非使用自己的内在看法去认识世界。因被软性地强加了思想的桎梏，人们总是倾向于生成符合社会名教规范要求和周围人所偏好的实践，于是在一种无意识之中，生命主体失去了通过身体和感官对世界进行真切的感受和领会的机会，人们无法自行规定自身的意义和价值，无法通过寻找真正内在于心灵的独特性感悟，去自由地展开在世界之中的生活。

庄子对社会文化暴力有关切、有批判，亦有超越。庄子始终认为个体的生活不应受到社会规范和社会话语的软性暴力，"犹涉海凿河而使蚉负山也"。在庄子的政治想象中，是非和真理都从私己的生命情意所发，"物物而不物于物""审乎无假而不与物迁"，将自由的生命存在放诸"无何有"的广漠荒野之中。

本书的研究动机，一是反省到庄子哲学的真正关怀在于人类生命主体的存在状况，且庄子对于人们每日所面临的社会话语暴力、不平等的权力结构抱有深切的同情。庄子试图通过揭示潜藏在"名""利""仁义""命"及其他权威话语和范畴之中幽微的权力和暴力，撬动个体对于这种必然性与绝对性的真理图式的深刻信念，完成对文化暴力的消解。

现代社会遇到了前所未有的张力，透过人类生命主体及其生活自身的角度来评估社会文化和制度，进而完善社会各方面的设置、拓宽人类自由生存空间，成为时代的主题。是否能将文化暴力作为切入点对庄子哲学进行解读，使得庄子哲学焕发出回应现代问题的光辉？对庄子哲学中关于人们社会生活和实践的观点及社会文化政治的关系进行阐释，是否能对现代生活有所启发？这叩问着每一个庄子哲学的研究学者，有志于解庄者都希望能够在《庄子》文本的阐释中，找到回应当代性问题的解答。

二是反省到庄子哲学对于身体感受性真理经验有着纯粹的、审美的关切，在这种对"道"的身体化认识中，能够开出一种真正实在的、真正自由的生命观念：随着当代学者对存在于社会生活中的顽固观念和过时文化不断进行认识和消解，社会中的主体需要一个可提供替换的生活信念。意义范畴本身是具有偶然性的，存在于话语和观念中的规定、价值和意义也是"不真"的。这意味着我们最终都需要直面一个"无意义"的世界，需要实在地生存在一个没有目的、没有意义的世界，直到我们从这种渺小的感觉中振奋起精神来，在微弱的身体化的、感受性的真理经验之中，在自己的实在生命之中，找寻和理解自我在整体世界和社会生活中的位置，说些确切知道的东西。

庄子哲学中关于人类存在生活的讨论与其关于生命的认识、意义的发生等的观念是紧密相扣的，我们难以从中找到一种关于"好的生活""值得的生活"进行逻辑性叙说的段落，庄子哲学总是在一种对生命悠游的浪漫描述、对身体化的感受和对身体技艺诀窍富有诗意韵律的叙说之中，展开对生活、对个体存在、对政治的可能想象。我们总是能在其中发现与儒家、墨家、法家等不一样的对于个体的关怀。因此，随着学界对庄子哲学展开新的阐释，当代学者或许能在学术上获得有关庄子哲学的理解之外，可以有更加不一样的收获，更加启发内在独特性和创造性的收获；而这样的收获，也许在跨越两千多年之后，还是能够回应现代问题，回应人们对于"乐"和对于生命的好奇和想象。

第二节　文献综述

学者解庄时常常注意到《庄子》中消解社会名言规范和以话语形式存在的"教化""法度"的倾向，将庄子的政治理想与一种消解社会限制性观念范畴的思想相联系。

"马，蹄可以践霜雪，毛可以御风寒，龁草饮水，翘足而陆，此马之真性也，虽有义台路寝，无所用之。及至伯乐，曰：我善治马。烧之，剔之，刻之，雒之，……然且世世称之曰'伯乐善治马，而陶匠善治埴木'，此亦治天下者之过也。"[1]（《庄子·马蹄》）

庄子认为社会政治之治人就好像伯乐之治马，通过分类定义和暴力完成人之"成其所是"，对个体生命原本自由适意的自然状态造成了巨大的戕害。故庄子对通过推广某种标准或规范以"治天下"的态度是消极的。

钱穆在《道家政治思想》中写道："则在庄周思想中，乃不见人生界有兴教化与立法度之必要。因所谓教化与法度者，此皆悬举一标准，奉之以推概一切，求能领导一切以群向此标准，又求能限制一切使勿远离此标准。政治之大作用，主要亦不越此两项。于是在庄周思想中，政治事业遂若成为多余之一事。"[2]钱穆指出，《庄子》不认可世上存有一种可以推而广之的标准与道理，而所谓明王之治其实是要让百姓

---

[1]　陈鼓应：《庄子今注今译》，商务印书馆，2007，第287页。
[2]　钱穆：《道家政治思想》，载《庄老通辨》，生活·读书·新知三联书店，2002，第111页。

万物自恃自喜，就如同天一样，虽有若无，给予人民自在与自由。此为无君、无政府的想法，因此《庄子》中的圣人与明王通常对于政治都显得淡漠与混沌。

这一点也在陈鼓应所写之《庄子哲学》中可见踪迹："庄子'自然无为'的主张，是鉴于过度人为（伪）所引起的。在庄子看来，举凡严刑峻法、仁义道德、功名利禄、知巧机辨以及权谋术数，都是侮蔑自然的人性，扼杀自发的个性。"[1] 就陈鼓应看来，《庄子》强调"适性"，人人都应该有成为自己独有的存在的空间，而所有的绳墨规矩其实都是在"削其性"。陈鼓应认为，《庄子》这份"自然无为"的观念，是观察自然界（Nature）的四时运行，万物滋生于静默中而得的想法。

徐复观认为，比起提出具体的政治改革方案，《庄子》指出的更像是一种如何在大环境下生存的生存美学："他所要求的政治，不可能在现实中实现，也只有通过想象而使其在艺术意境中实现，至于他对于理想政治的描述，更是艺术的'生的完成'的描述。"[2] 在徐复观眼中，《庄子》是以虚静的人生为目标，这是过于消极的，庄子是在动乱的时代下企图寻求一种能够脱离痛苦的自由解放，这样的自由解放不能求之于世，亦不能求之于天（宗教升华），而必须求之于自己的内心。"心的作用、状态，庄子称之为精神；即是在自己的精神中求得自由解放。"[3] 进一步，如果用徐复观的视角来看《庄子》，其中"游"与"无用"的意义可以显为："庄子把上述精神的自由解放，以一个'游'字加以象征……庄子之所谓至人、真人、神人，可以说都是能游的人。

---

[1] 陈鼓应：《庄子哲学》，台湾商务印书馆，2010，第97页。
[2] 徐复观：《中国艺术精神》，台湾学生书局，2001，第69页。
[3] 徐复观：《中国艺术精神》，台湾学生书局，2001，第36-37页。

能游的人实即艺术精神呈现出来的人，亦即艺术化了的人。"[1]此处的"游"并非纯粹指"游戏"，同时也是一种游戏的性格带来的艺术性的自由之感，比如说超出经验的现实，或是不视利益为目的等等。为了达成这种悠游之感、游戏般的艺术人生，徐复观认为，这要从现实中的"用"实用概念得到解脱，即将世人的"无用"放到"无何有之乡""广莫之野"，那么世人的"无用"便成了"大用"，则"在最高的艺术精神境界中，涵融一切，肯定一切；但与人世间之所谓事功并不相干"[2]。总之，徐复观认为，《庄子》的艺术精神是一种既以远离政治为目标，又须与政治保持相当距离为条件的一种生存美学。以"无用"于世的态度，摆脱人世间所树立的价值体系，得到精神的自由解放，而这样的生活理念，的确符合思想史上将道家视为"隐士"的想法。

> "舜以天下让善卷，善卷曰：余立于宇宙之中，……逍遥于天地之间而心意自得。吾何以天下为哉！悲夫，子之不知余也！遂不受。于是去而入深山，莫知其处。"[3]（《庄子·让王》）

杨国荣认为，此段落说明了政治参与之于个体的意义，且将文中的善卷视为隐者的典型，而隐居离群索居，并疏远相对于"逍遥"的政治活动。[4]并且，杨国荣还指出，"按庄子的理解，社会关系总是意味着束缚和限定，唯有摆脱这种限定，才能达到合乎天性的逍遥之境；在政治地位和逍遥的生活之间，庄子毫不犹豫地选择了后者"。[5]

以上提到的学者，在讲解《庄子》文本中的消解规范性的社会政治和文化的思想时，认为《庄子》的价值在于提供一种摆脱现有政治

---

[1]　徐复观：《中国艺术精神》，台湾学生书局，2001，第38页。
[2]　徐复观：《中国艺术精神》，台湾学生书局，2001，第39页。
[3]　陈鼓应：《庄子今注今译》，商务印书馆，2007，第855页。
[4]　杨国荣：《以道观之：庄子哲学思想阐释》，水牛出版社，2007，第57-58页。
[5]　杨国荣：《庄子的思想世界》，北京大学出版社，2006，第5页。

制度与社会规范的、进入美学式的生活，认为要么以自然为范本，建立一个"无为"的政治环境；要么提供一种生活美学，让人能够保存自身，但并不从改革政治制度下手。

在庄学研究者对《庄子》思想的阐释中，可以看到《庄子》呈现的政治与语言的渗透关系、政治与宇宙天地的关系、自然在政治中扮演的角色等，以此为思想基础，本研究能够将政治中个体与社会规范性文化的支配关系与互动关系继续进行阐释，弄清楚政治和话语如何在人浑然不觉的情况下影响着人们的生活，并对人们的生命造成了暴力和伤害。

学者在解庄的过程中，关注到《庄子》对人认知活动的反思和批判，关注到文化和话语对人们观念、生活和实践生成的巨大影响，认为庄子对"知"持有一个批判和超越的态度，在超脱是非认知的窒障之后，人们能够达到一种逍遥的精神自由境界。这为本研究论述和诠释《庄子》对文化暴力的省察提供了思想基础。

劳思光在论述《庄子》思想时，认为《庄子》不承认"知识"，他写道："庄子之学，主旨在于透显一真自我（在庄子自己，即以情意我为真自我），故认为知识既不能接触自我，便为无意义。……庄子以认知活动为'自我'之障累，故以'泯是非'为破除'认知之障累'之工作。"[1]故劳思光认为，庄子将"知"视为"知识"，且此"知识"无法接触到"真自我"，故无承认或理解之必要。并且，劳思光认为，庄子也将"知"视为一个"认知活动"，认为此种活动会带来自身的障累（即是非、成见），"欲破除彼等之成见，则唯有以虚静之心观照……以虚静之心照之，则存有之真相显出，乃得一超经验之观悟。此观悟不由思辨议论中生，

---

[1] 劳思光：《新编中国哲学史（一卷）》，广西师范大学出版社，2005，第197页。

而为自觉之直接发用。此即庄子所谓'明'。"[1]《庄子》将"知识"视为一种带来自我障累的"认知活动",故需以"虚静之心"观照才得观悟天地真相。

杨儒宾论《庄子》的语言观时,省察了语言与实在之间的关联,他认为,"庄子认为我们以语言处理人与人间的政治、社会问题时,往往无意间以主宰性的体制化思考作为基本的参考点,因此,是很难求得公平、正义的……既然语言不足以切进若骤若驰、自尔独化的世界,那么,我们如何去理解这个世界呢?庄子说道:既然无从理解,那就不要理解;既然语言赶不上,那么,最好不要使用语言"。[2]

既然无法使用语言作为途径来理解世界,那么要如何理解这个世界呢?杨儒宾以"濠梁之辩"来解释,他认为,"当庄子说'鱼乐'时,此时的叙述不是一种认知的叙述,这是种赞叹性的诗的语言,因此,这种'知'不是'认知之知',而是物我交融,景象(鱼)从气化之流中呈现出来,与感受者相互参差的一种直觉之知"。[3]这种"直觉之知"所代表的是一种"主客未分的混沌世界",反倒是思维或语言从一种直接的、与物合二为一的状态中脱离出来。如此,看见的世界是一种"有时、空、程态、关系的'格局世界'"。[4]

刘笑敢将"知"的概念界定为"真知论",他认为,庄子的认识论包括两个方面,一方面是怀疑主义,另一方面是直觉主义。[5]首先,他所指的"怀疑主义"是"以不知为真知"。因为在《庄子》中,它表达了"人类认识能力的局限性","认识标准是主观的、因人而异

---

1 劳思光:《新编中国哲学史(一卷)》,广西师范大学出版社,2005,第199页。
2 杨儒宾:《庄周风貌》,黎明文化事业公司,1991,第165-166页。
3 杨儒宾:《庄周风貌》,黎明文化事业公司,1991,第167页。
4 杨儒宾:《庄周风貌》,黎明文化事业公司,1991,第168页。
5 刘笑敢:《庄子哲学及其演变》,中国社会科学出版社,1988,第167页。

的，所以在现实生活中是找不到真理的，因而一切认识活动都是不可靠的、不可取的"，"人之生死、祸福、梦醒都处在变易之中，变易不止，结果难卜，所以认识是不可能、不可靠的"。[1]其次，"直觉主义"指的是"以体道为真知"。其意义是"庄子不同于一般的怀疑论者，他在怀疑人类及其感官的认识能力的时候，并不怀疑直觉体验的作用，在怀疑现实世界中的是非善恶的时候，并不怀疑绝对的道，所以庄子既是一个怀疑主义者，又是一个直觉主义者，把怀疑主义同直觉主义结合起来是庄子认识论的主要特点。直觉主义是排斥感知和理性的，上文所说庄子以不知为真知正是排斥一切常规的认识方式的，《应帝王》中混沌凿窍的寓言更彻底地否弃了耳目感官的认识作用"。[2]

总结刘笑敢的观点，他讲"真知"乃是两种"知"，即"不知之知"与"体道之知"，前者为怀疑主义，后者为直觉主义；先后两种论述"前后相续，实为一体"。[3]

王叔岷曾言"游"可通《庄子》全书之大义，亦能从"游"通"知"，他认为，"庄子贵游，意在无待。故其于知，亦重无知。唯无知也，而后复其性命之正。否则知与物接，则好憎以生，好憎成形，则智诱于外，而不能反，则天理灭矣"。[4]即是说，"知"有"无知"与"智"之层次之别，唯"无知"而能无待于物，才能游于万物而不失性命之正。

若是"知"接物而生，而物无穷，不可得而尽知也，如王叔岷所言："物无穷，知亦无穷，而人之寿命有穷，计人之所知，不若其所不知。（秋水篇）逐物以求知，不亦殆哉！"由于"无知乃不离自得"，是故"无知，即真知也"，而"真知"是"知天之所为，知人之所为，咸本于自然，

---

[1] 刘笑敢：《庄子哲学及其演变》，中国社会科学出版社，1988，第167-172页。
[2] 刘笑敢：《庄子哲学及其演变》，中国社会科学出版社，1988，第174页。
[3] 刘笑敢：《庄子哲学及其演变》，中国社会科学出版社，1988，第177页。
[4] 王叔岷：《庄学管窥》，艺文印书馆，1978，第205页。

而归于无待，以终其天年，而不中道夭者也"。[1] 王叔岷以"游"之无待来解"知"之"无知"，是颇富有新意的解法，特别是他将"无知"视为"真知"，而可见"真知"之无待。

陈鼓应谈到了"知"与生命的联系，他认为，"庄子的哲学可以说是一种境界的哲学。他所关注的是人的精神生命之扩展。在他看来，外在知识的探求只是用来安顿人的内在生命。所以他所着重的'知'，是主体性的知——它必须落实到生活的层面上，消入生命的层域中"。[2] 陈鼓应认为，《庄子》中的"知"不是一种辨识性的、客观性的科学之知，而应该是一种关乎"生命"层次的"大知""真知"，故借此他点出"真人"的存在："真人是获得'真知'的必要条件，这意指有开放的心灵、开拓的眼界与广大的心量才能培养真知。"[3] "'真知'的另一意义，为内在经验之知，这种知，用以开辟高度的人生境界。"[4] 因此，陈鼓应将"知"与"生命""人生境界""真人"等概念相联系，认为《庄子》中所着重的"知"，也就是"真知"，得以结合"生命"，迈进高远的人生境界。

王博在解释《大宗师》篇时，提到"真知"的意义："你必须知道什么是天之所为，什么是人之所为，你才能够知道人可以做什么样的事情，不可以做什么样的事情。这就是所谓真知，也就是真正的知识。……真正的知识不是别的，而是关于生命的理解。"[5] 王博也提到"真人"："真正的知识和真人是相关的，有真人而后才有真知。……

---

[1] 王叔岷：《庄学管窥》，艺文印书馆，1978，第206页。

[2] 陈鼓应：《老庄新论》，五南图书出版公司，2005，第301页。

[3] 陈鼓应：《老庄新论》，五南图书出版公司，2005，第309页。

[4] 陈鼓应：《老庄新论》，五南图书出版公司，2005，第311页。

[5] 王博：《庄子哲学》，北京大学出版社，2020，第95页。

换言之，知识该是围绕着生命的"[1]，且"只有真人才能从物中超拔出来，摆脱物的纠缠，直接回到物的本原处，因此可以物物。而这样的人，就是这个世界的帝王"[2]。王博亦将"真知"视为一种关乎"生命"的知识，将"真知"与"真人"相互联结，对"真人"的理解不仅从超脱于物的意义上阐发，更将"真人"作为一种生命世界的"主宰者""帝王"理解，将"帝王"一词宰制和权力的意味化解掉了。

陈赟注意到在庄子描绘的"知"的活动中，主体的观看带着一种视角性特征，这是由于"一方面，主体总是携带着他的主观性因素（情感、态度与经验等）从他的特定位置（某种立场以及与此关联的生活形式和文化传统等）达成对事物的观看；另一方面，事物不可能非视角性地、完全透明地自我呈现，而总是以侧显的方式被给予，所给予的总是事物的某些侧面"[3]。这是《齐物论》所揭示的"成心"执取有所"蔽"的根由所在，并认为，"成心"之生起，是"将事物从其流动变化中进行片段化与静态化截取的结果"[4]。从这个角度出发，陈赟认为，在《齐物论》的语境中，百家所构建的各种物论，实际上也是在不自觉地设置是非的不同量度，这种量度之不可通约性在彼此的争辩中便蜕变为价值之争。

陈赟的观点是，《庄子》对"成心"的阐述对现代世界具有启示意义。他认为，"成心"产生的物论是主体通过理解和解释事物的秩序，对其进行命名、分类和赋予意义，从而形成了一种概括性的秩序。因

---

[1] 王博：《庄子哲学》，北京大学出版社，2020，第 96 页。

[2] 王博：《庄子哲学》，北京大学出版社，2020，第 138 页。

[3] 陈赟：《〈齐物论〉与"是非"问题》，《华东师范大学学报（哲学社会科学版）》2022 年第 2 期，第 79-92 页。

[4] 陈赟：《〈齐物论〉与"是非"问题》，《华东师范大学学报（哲学社会科学版）》2022 年第 2 期，第 79-92 页。

此，这种物论会对世界产生反向影响，即产生物论所支持和鼓励的事物，构建了人文世界的各种秩序。"物论利用语言的能指及其对象所指，提供了一套超出存在者性分范围的控制机制和文化程序，为社会和心理的过程的组织提供理念化的模型，这个模型既可以理解又可以规范本来是'万不同'的社会与心理的过程。"[1]但当这种物论进一步地、更加广泛地去构建社会时，社会便被一种高度简化的秩序所支配了，这是现代人共同面临的文化的"成心"。

以上学者从生命的角度切入理解庄子对"知"的阐释，论述丰富且深刻，不仅限于讨论自身生命的"知"，还延伸到了人生境界的拓展和自由的朝向，对庄子的养生观念也有涉及，将"知"呈现为一种生命自由和向世界敞开的境域，有助于本研究理解"知"的活动对于个体生命的意义。

总览学界对《庄子》的理解和阐释，学者们倾向于将这两个部分作独立的阐释：一是庄子对社会政治的反思和批判，二是庄子对个体之"知"的反思和批判。尽管二者都通达于消解规范性知识和文化、消解社会政治对人思想的束缚，但学者更多地将庄子对社会政治的反思和批判放置在政治思想的范围内讨论，将对社会文化、名言礼教的批判与庄子"明王之治"的政治愿景相结合，在一种社会政治架构、社会政治运行体制的层面对庄子的思想进行阐发。同时，学者更多地将庄子对个体之"知"的反思和批判放置在个体认识、个体生命存在状态的范围内讨论，将去除"成心"、去除分类是非和价值系统与个体的生命实践相联系，在个体精神自由、生命境界的层面上对庄子的思想进行阐发。

---

[1] 陈赟：《〈齐物论〉与"是非"问题》，《华东师范大学学报（哲学社会科学版）》2022 年第 2 期，第 79-92 页。

从文化暴力的视角看，庄子这两方面思想有着相当深刻的内在联系，二者有着内在相贯通的思想理路，人们头脑中的"成心"和"知"并不是凭空生成的，而是从社会文化而来的，而社会文化和社会政治有着紧密的共构关系。社会客观的经济政治制度、礼乐名教、诸子百家的政治理念等所构成的整体的社会文化为人们提供了理解和认识世界、设想和展开实践、赋予价值和意义等的理念。人们遭受到的"知"的束缚，来源于社会强制性的文化范畴，来源于社会的政治规范和限制。

陈赟注意到了社会政治和文化对人们施加的话语暴力，揭示了《庄子》对社会话语暴力和支配性暴力的拒斥，将庄子的理想阐释为一种消解了社会文化暴力、个体还归其精神自由的境况。陈赟区分了两种政治文化的关系理论，一是通过限制性和规范性话语整治和完成社会秩序的政治思想机制，二是庄子式的消解和拒斥文化暴力的理想社会机制。"《庄子》的秩序之思可以理解为一种引导性的政治哲学，其本质是尊重并引导天下人正其性命之情，守护性命之情在其中展开的生活世界，其对立面是支配性的政治哲学。支配性的政治哲学在本质上对性命之情加以抑制、驯服甚至虚无化，并对其生活世界进行改造，使之成为生产驯服主体、巩固君主统治的支配性空间。"[1] 即是说，以控制社会、支配社会成员、改造社会成员的生活状态为特征的"支配性的政治哲学"，意在将生活秩序降格为政治秩序，进而将政治秩序进一步降格为统治秩序。而这种支配性的秩序恰恰是《庄子》所要解构的对象。陈赟认为，《庄子》引导性政治的意义正在于，它以性命之情与生活世界的视阈为一切统治活动设置了基本条件，出于合乎性命之情的活动，即便有着意志与人为的参与，也是无为的机制的展开

---

[1]　陈赟：《引导性政治架构下的统治德性问题——对〈庄子〉政治哲学的一种阐释》，《道德与文明》2022 年第 5 期，第 114-129 页。

方式，具有引导性的意义。

在道家的政治思想研究中，存在着将儒家与道家分别视为"方内"与"方外"两种不同的思想价值体系的一种看法。根据余英时的观点，前者注重入世的思想，强调知识分子应该参与政治，并在政治之中进行变革。[1]孔子自己参政，但并非为了功名利禄，而是为了实现儒家的理想，这样的儒者形象几乎与中国知识分子的典范互相重叠。而与此相对的即被视为隐士代表的道家，他们超然于外且不为世所用。对于庄子而言，在战乱、政治暴力频繁的时代如何安身立命，这样的问题并不能通过某种政治的参与而得到解决，反而可能会伤害到自身的精神或身体，想要完满地实现一种政治理想几乎是不可能的事情。

郑开认为，道家政治哲学问题研究应该从更抽象的"有无关系"层面予以阐发。他认为，道家提出的"帝道"是针对"王道"的，道家最为关注的"道－法"与儒家标榜的"德－礼"犹如针尖对麦芒，道家之"'无为'是对'为'的否定(哲学意义上的否定)角度分析，举凡一切社会、伦理、政治、国家、文明、秩序、权力等都出于'为'，即某种人文动机驱使下的社会行动；那么'无为'似乎就是把常识反转过来，借助'无'的否定或扬弃，反思了理性成长、文明进程投射于人性和人心的阴影"，道家始终警惕并且反对把"道德之意"庸俗化、浅薄化为仁义。[2]

赖锡三认为，"综合型的道家智慧，可以统摄生存美学与权力批判于一身，因为生存美学的本真性获得，可能同时对政治暴力的异化

---

[1]　余英时：《论天人之际：中国古代思想起源试探》，联经出版事业公司，2014，第4-10页。

[2]　郑开：《道家政治哲学发微》，《现代哲学》2019年第2期，第125-142页。

和意识形态的规训，产生敏锐觉察和批判力道"。[1]《庄子》以另一种方式进行政治针砭和权力批判，以一种"游牧民族"的形态。赖锡三总结道："《人间世》整篇文章的精神，便都扣紧在如何：通人性、懂权力而在'自保其身'的善巧前提下，进一步有谋略、能迂回地治疗、引导政治权力之走向。"[2]也就是说，《庄子》尝试指出知识分子若是无能保护自身生命，那么接下来的谏言、批判都是无稽之谈；而若是不能机智地、富有策略地进行权力批判，那么不仅无法有效指出微型权力与人间的纠葛，更不能在政治场域中长久地生存下来。就赖锡三看来，《庄子》所呈现的知识分子形态无疑有类似的旨趣，这种好似处在方外，但是其实将眼光与关怀投入方内，正是一种道家型知识分子的智慧与操守。

应该看到，尽管学者关注到了庄子对社会政治带来的文化暴力的批判和超越，但更多的是从宏观政治运行、统治者"帝王"、政治的参与者即"知识分子"的角度出发进行阐释和理解，缺少从文化暴力的受害者、被宰制者的个体等微观层面出发的对庄子消解文化暴力哲学思想的省察。思及庄子对个体存在抱有深刻的价值关怀，对在社会中不由自主遭受"成心"戕害之个体文化暴力现象深有关切，解庄者实有必要从遭受文化暴力的个体微观层面出发对《庄子》文本和思想进行观看，补全《庄子》反思和超越社会文化暴力的理解和诠释。

关于如何从遭受文化暴力的个体微观层面展开对社会文化暴力的省察和分析，当代学者有深入的研究。

关于文化的概念，站在社会学的角度，文化是一个集各种观念、

---

[1] 赖锡三：《道家型知识分子论：〈庄子〉的权利批判与文化更新》，台湾大学出版中心，2013，第6页。

[2] 赖锡三：《道家型知识分子论：〈庄子〉的权利批判与文化更新》，台湾大学出版中心，2013，第106页。

制度、器物和行为方式为一体的复杂体系，如泰勒所言："包括知识、信仰、艺术、道德、法律、习俗以及作为社会的成员的人所具有的其他一切能力和习惯。"[1]对于暴力，存在许多不同的界定。《布莱克维尔政治思想百科全书》认为，关于暴力，"就最基本的含义来说，暴力意味着以杀戮、摧残和伤害而对人们造成威胁"。[2]

齐泽克对现代文化中的暴力作了深刻剖析。齐泽克认为，所谓暴力指的是系统的先天暴力，这不单是直接的物理暴力，还包括更含蓄的压迫形式，这些压迫维持着统治和剥削关系，当中包括了暴力威胁。[3]齐泽克用四个词来解释暴力：主观暴力、客观暴力、符号暴力和系统暴力。主观暴力是直接破坏和平的行为；客观暴力是隐藏在"正常"状态中的暴力；符号暴力是存在于语言和文化中的暴力；系统暴力是文化暴力的一种，它是最基本的暴力形式，深植于语言和某些意义体系的强制性中。[4]这四个词一起构成了齐泽克对暴力的理解。齐泽克认为，"语言简化了被指涉之物，将它简化为单一特征。它肢解事物、摧毁它的有机统一、将它的局部和属性视作具有自主性。它将事物塞进一个外在于食物自身的意义场域之中"。[5]齐泽克进一步阐述，我们的现实生活中存在一种根植于社会生活的基础性系统暴力，这种暴力并非源自某个人或他们的恶意意图，而是一种纯粹的"客观的"、系统性的、无名的暴力。

---

[1] 泰勒：《原始文化》，蔡江浓编译，浙江人民出版社，1988，第1页。

[2] 邓正来主编《布莱克维尔政治思想百科全书》，中国政法大学出版社，2010，第609页。

[3] 斯拉沃热·齐泽克：《暴力：六个侧面的反思》，唐健、张嘉荣译，中国法制出版社，2012，第10页。

[4] 斯拉沃热·齐泽克：《暴力：六个侧面的反思》，唐健、张嘉荣译，中国法制山版社，2012，第1-2页。

[5] 斯拉沃热·齐泽克：《暴力：六个侧面的反思》，唐健、张嘉荣译，中国法制出版社，2012，第55页。

文化暴力形式的多元化导致学者的研究更加专门化。查尔斯·蒂利的研究重点是"集体暴力"。他认为，作为一种政治形式，集体暴力不仅源自人们之间互动性的变化，而且也是对由这些互动性变化形成的明显的集体暴力边界的激活和强化。[1] 道格拉斯·C.诺思等的研究重点是"有组织的暴力"，他们将其定义为群体施加的暴力或发出的威胁。[2]

福柯和布迪厄从话语与权力间关系角度对话语在个体层面的微观运作进行了深入的论证。路易斯·麦克尼在《福柯》一书中指出："统治和自我统治的观念囊括了福柯关于权力和主体的最终思想，而权力和主体是贯彻他的著作始终的两个基本主题。"[3] 语言与符号给社会中的个体带来的"温和的暴力"（the gentle violence）一直是布迪厄非常关注的问题。福柯将话语视为"语言的行动"，它在一个领域内作为自我表达的工具，其运作至关重要。然而，"话语的生产都是根据一定数量的程序而被控制、选择、组织和再分配的。这些程序的功能在于消除话语的力量和危险，处理偶然事件，避开它沉重而恐怖的物质性"。[4] 因而，话语成为控制人思想和行为的重要手段。

布迪厄认为，话语对于个体而言具有象征性权力，"社会生活中的任何语言的运用，都是说话者的不同权力通过对话和语言交流而进行的权力较量"[5]。布迪厄主张，我们不应该仅仅从旁观者的角度去理解事物或看待世界，而应该积极参与实践，通过融入和亲身经历实践

---

[1] 查尔斯·蒂利：《集体暴力的政治》，谢岳译，上海人民出版社，2006，中文版前言。

[2] 道格拉斯·C.诺思、约翰·约瑟夫·瓦利斯、巴里·R.温格斯特：《暴力与社会秩序：诠释有文字记载的人类历史的一个概念性框架》，杭行、王亮译，格致出版社，2013，第17页。

[3] 路易斯·麦克尼：《福柯》，贾湜译，黑龙江人民出版社，1999，第2页。

[4] 汪民安：《福柯的界线》，中国社会科学出版社，2002，第149-150页。

[5] 高宣扬：《布迪厄的社会理论》，同济大学出版社，2004，第166页。

来理解社会和世界，从而形成对社会和世界的观念和认识。布迪厄指出，"实践活动的原则不是一些能意识到的、不变的规则，而是一些实践图式，这些图式是自身模糊的，并常因情境逻辑及其规定的几乎总是不够全面的视点而异"。[1]"反思"是布迪厄对文化暴力研究的核心观念之一，它是主体消除文化暴力、深化实践的重要途径。他指出，"无论何时，只要我们未能对'那些深深嵌入我们对世界的思考的事实中的预设（这些预设认为，要思考某一行动，我们就要从世界和世界中的行动中隐退出来）'进行系统的批判，我们就有可能错误地瓦解实践逻辑，使之消解于理论逻辑之中"。[2]布迪厄指出，"我们必须时刻特别注意保持一种反思性的警省态度"[3]。布迪厄强调，对文化、社会分类图式等进行反思，对于揭示现象、理解事实、阐明本质以及理解复杂关系具有重要意义。

文化和暴力实际上是一个具有相当广泛内涵的概念，我们身处这个社会实在之中，身处文化体系和社会结构的内部，使用各种观念、分类系统和阐释话语，学者需要对这些日常的使用进行一种反思性的和超越性的思考，如考察人们如何共同建构对世界的认识，考察与他人协调发展的意义究竟意味着什么，考虑每个人以为自己独立发展的对世界的认识究竟是否具有创造性。如果我们的实践、社会关系、价值规范和观念范畴等，都在一种动态的过程之中，我们需要将这所有的元素放在一种关系性结构中来考察、理解和阐释，需要不断地进行反思和批判，以观照我们真实的生活和存在状态。

---

[1] 皮埃尔·布迪厄：《实践感》，蒋梓骅译，译林出版社，2003，第17页。
[2] 皮埃尔·布迪厄、华康德：《实践与反思：反思社会学导引》，李猛、李康译，中央编译出版社，1998，第138-139页。
[3] 皮埃尔·布迪厄、华康德：《实践与反思：反思社会学导引》，李猛、李康译，中央编译出版社，1998，第139页。

借助当代学者对文化和暴力的研究理论,本研究能重省潜藏在《庄子》文本下的社会话语权力对主体的思想进行影响和支配的过程,能够在文本中识别出庄子哲学对话语暴力的分析,进而展开对庄子哲学的新的阐释。因此,关注文化暴力在个体层面的运作,对庄子哲学进行新的解读和阐释有着哲学理论的价值和分析意义。

从思想的背景来看,战国时期的哲学文化以先秦诸子思想和周文礼教为思想渊源,就其基础哲理和思维方法来看,历史上的各家思想共享有一套重视精神价值的文化实践理论,尤其关注社会性方面的现象和实践,如重视礼乐制度,强调人际关系,关注人与人之间的互动,将道德观念和行为规范视为社会秩序的根本和行为实践的原则等。庄子所处的战国时期的思想家普遍认为,维系社会的是道德观念和规则制度,在阐述和思考中更多地采用一种整体主义的思维方式。故而从研究层面上讲,通过省察社会规范和文化暴力的角度切入诠释庄子哲学具有充分的可能性和研究条件。

首先,庄子哲学消解文化暴力的倾向是与文化暴力研究的立场相契合的。在战国时期思想发展的历史中,以儒家为核心的主流思想理论着重于研究如何经世致用和推行伦理维度的实践理性、如何在实践生活领域中获得超验价值的体认等问题,寻求某种确定意义的、系统原则化的答案。庄子哲学则站在方外的立场上,对"社会分类结构、社会文化和合法语言构建着现实"这一现象,不仅有所察觉,而且进行了相当深刻的反思和超越。庄子从来拒绝任何形式的权力侵入个体心灵中意义的生成领域,拒绝任何将既有的社会分类和意义象征秩序归并为某种天地自然道理的话语。

其次,庄子哲学的语言特质契合消解文化暴力的倾向,并且能够避免制造新的文化暴力。"寓言十九,重言十七,卮言日出,和以天倪。"[1]
(《庄子·寓言》)庄子的言说总是乐于在有意无意之间全其一个模糊、
不确定、模棱两可、自我悖反乃至吊诡的面貌。尤其从认识论的观点
来看,庄子哲学认为是非判断是无定的,是随着时空条件和主体情意
的变化而不断流转的。庄子追求一种"得意忘言"、不执一端,从不
以任何话语堪为某种权威真理或行为律令,契合解构文化暴力的立场。

最后,庄子往往对人们作生活着的、有苦有乐的、活泼的个体理解,
而非像儒家那样对人们作一个纯粹道德主体进行理解,或是像法家那
样对人们作一个工具属性的、原子化的社会参与者进行理解。庄子哲
学关注到人们不得不扮演社会角色,关注到不同角色的人们在思考、
追求、主张等方面的差异,将一个人所扮演的角色和他的行为特征与
行为的发展联系起来。庄子哲学将人们作某种社会角色理解的阐释方
式,强调社会语言和名教对社会角色的影响、对人们生活和行为的塑
造作用,这些特征使得我们更易从文化暴力的角度切入进行阐释。

"思考的动力并不能决定哲学思想展开的深度和具体形态。如果
我们超出学派的囿限,整体上考察先秦哲学,将会发现那个时代哲学
理性所达到的深广程度。"[2]因此,借鉴当代研究文化暴力微观运行的
视角,考察《庄子》文本、梳理和阐释庄子消解文化暴力的哲学思想,
是具有可行性的尝试。并且,本研究希望能够提供一种有意义的理论
视野和方法论参照,产生有新意、有洞见的中国哲学阐释,于传统与
当代之间展开思想的对话。

---

[1] 陈鼓应:《庄子今注今译》,商务印书馆,2007,第 836 页。
[2] 杨立华:《新子学时代》,《船山学刊》2021 年第 6 期,第 1-6 页。

第三节　研究方法及创新点

从文化暴力的角度对《庄子》进行阐释和理解是本文的创新所在。借鉴学者解庄和研究文化暴力的哲学方法论，本文采用以下方法进行庄子哲学研究：

第一，采取超越主观主义和客观主义二元论的视角。本庄子哲学研究中，将关注文本中宰制的角色，关注来自客观的话语暴力现象，同时关注文本中有关个体层面的、微观层面的身体感受及观念的变化；同时，超越两种对立，又吸取二者长处，将实践视为个体和社会客观环境、个体和集体及他人相互作用的产物，聚焦主体实践的空间性和时间性，关切《庄子》的具体语境，揭示庄子哲学对实践与文化政治关系的检视。

第二，采取一种关系主义的视角。本研究将对庄子哲学中有关社会文化现象和个体生命状况的内容进行解读，关注独立于主体意识之外的客观文化态势。挖掘日常语言如何不自觉地使我们倾向于对主体与实践、理性真理与事实真理之间作出两分认识和选择，将社会现实，包括社会文化观念与微观个体互相作用而生成的社会历史现象作为研究对象的整体，避免对一个孤立存在的研究对象作单调的批判。

第三，标举理性和价值关怀指涉。本研究将致力于阐释一个反对文化暴力的庄子哲学理论，同时避免再生产文化暴力。庄子哲学富含批判的气质和精神，不遗余力地揭穿种种社会"神话"，本研究将关注庄子哲学之中那些统治系统强加给我们的对社会世界的误识和随之产生的文化暴力现象。同时，在研究中将阐扬庄子哲学的批判性，而非将庄子的判断和批判视为一种绝对的真理。毕竟我们不需要更多的专断性的误识——因而，在对庄子哲学的研究和阐释中，力图敞开这样的一种可能：去除在头脑中被社会名教所给定的分类模式，唤醒心灵深处被遮蔽的自觉意识；通过反思社会世界以一种"理所当然"的话语方式呈现出来的权力关系，扩大行动和思考的自由空间，反抗强加于我们身上的种种文化暴力。

在当代学术研究中，《庄子》的哲学思想仍然具有深远的影响力和现实意义。本研究的创新之处主要有三点：

首先，本文在现有文献的基础上，创新性地对庄子的哲学进行了深入的探讨和阐释，特别是其对社会政治文化和个体认知的双重批判。分析庄子对社会政治文化的反省，社会的名言系统和礼教不仅限制了个体对世界的自由认识，也影响了个体的生命状态和精神自由；梳理《庄子》的应对解决之策，实现个体自由的关键在于，去除内心的成见和社会的分类是非，在一种审美的身体感受中获得逍遥。

其次，本研究突破了传统的研究视角，从省察庄子对文化暴力现象的深刻批判出发，论述隐藏在名言及礼教之下的是非名言和政治语言给社会个体带来的深刻而持续的暴力，庄子主张通过解构这些桎梏来实现个体的自由和社会的和乐；指出庄子"无名之道"提供了一种超越文化暴力的途径，鼓励个体摆脱社会名言和礼教的束缚，追求与天地精神的自由交流。

再次，本研究还探讨了庄子"无名之道"的现代解读，提供了新的视角以阐释庄子对人性、政治和实践的埋解，为当代个体在整体世界中生活和实践提供有益启示。同时，对庄子的哲学阐释涉及庄子对文化暴力现象的反省，这也为现代社会提供了关于拥抱个体自由和协调社会生活的重要启示。本文旨在为庄子哲学的现代诠释提供一种新的理解路径，以期在学术界促进对庄子思想更深层次的探讨和应用。

第四节　研究理路

本文的研究理路如下：

绪论关注学界对《庄子》的解读通常分为两个相对独立的维度：一是庄子对社会政治的反思与批判，二是庄子对个体"知"的反思与批判。前者在政治思想领域内探讨，结合庄子的"明王之治"愿景，审视社会政治结构与运行；后者则关注个体认识与生命状态，强调去除"成心"和分类是非，追求精神自由。这两方面虽独立，但从文化暴力的角度看，它们有内在联系，共同指向解放个体的思想自由与批判政治的名言束缚。这为《庄子》研究提供了新的可能性，可从社会政治文化对个体的影响切入，对《庄子》进行梳理和分析。庄子论述的"成心"与"知"源于社会文化，而社会文化与政治紧密相连，二者共同构成了限制人自由认识世界和自在实践的框架。因此，对庄子哲学的理解阐释可创新地从消解文化暴力的角度切入，梳理庄子对解构文化桎梏的思考。

第二章围绕《庄子》对名教的省察展开，阐释庄子对于立名设教的反省和批判。由于当时的人们头脑中对世界的整体认识是通过社会名言系统和周文礼教而生成的，这种认识在实践中对人们的"性命之情"造成了伤害，故庄子拒斥立名设教。庄子认为，社会的名言系统是一种对社会的专断性认识，当人们用这种名言系统对社会和整体世界进行认识的时候，则"天下失其常然也"——世界整体自然流转、变易万千的态势则被这种名言形式存在的专断性认识所遮蔽了。具体分为两个部分，一是庄子对社会中有关于"道"的是非言说抱有一种否定的态度，认为"道隐于小成"，即"道"的理念和是非自身被用来象征社会的差序格局，成为终极性的根据时，人们将被这种绝对性的话语所伤害，即拘囿于社会对"道"的看法而落入"成见"的窠臼之中；二是庄子对社会中有关于"名"的是非言说亦持批判的态度，认为"言隐于荣华"，社会中关于"名"的规范意义、规则意义的分类范畴言说，使得人们按照宰制所给定的话语对自身的行为进行规定，致使虚伪之认识。庄子省察周文礼教，认为这一整套关于社会世界的秩序话语，乃是"胥易技系，劳形怵心"，即是说庄子反省到，个体处在礼乐制度为核心的政治宗法制度之中，这一整套的社会分类已经作为一种普遍的分类系统成为人们对自身存在和行动的认识规范，内蕴于社会的秩序话语的暴力和不平等将给生命个体带来更多的戕害。

第三章围绕《庄子》对文化暴力现象的批判和阐释展开，阐释庄子对于三个不同形式的文化暴力现象的反省和批判。一是诠释庄子所见的分类模式及其暴力现象，即庄子省察到，名言系统及周文礼教所使用的社会分类模式，如"有伦有义，有分有辩"，为社会中的个体视为是天经地义的分类方式，而当人们对世界进行认识、对实践进行决策都使用这种分类时，便导致了一种"离实学伪"的结果，同时主体自我规定的自由被这种规定性的话语所褫夺了。二是诠释《庄子》中的政治语言及其暴力现象，"君人者以己出经"，统治者的政治语言暴力导致人们心生忧虑、战战兢兢，"小恐惴惴，大恐缦缦"。三是诠释庄子所见的集体意识及其暴力现象，庄子关注到社会中的个体常为集体之意识所裹挟，"人卒未有不兴名就利者"，因而人人皆视以为理所应当；然在庄子看来，个体奔逐于外则极易失落于"见利而忘其真"。最后从阐释庄子所见天下人的整体生活状况出发，显示去除和消解社会中流荡的文化暴力的必要性——庄子对受到文化暴力之后个体的实践状态和心灵状况的评析是"失其性命之情"，社会文化暴力导致人们皆不能"自适其适"，社会名言礼教和分类系统便亟需予以解构及超越。

第四章围绕《庄子》对文化暴力的超越展开，阐释庄子对于消解社会文化暴力的见地——"无名之道"。《庄子》对社会中诸多文化暴力现象的关注最终落到解构名言系统和礼教政治的立场中来。在《天下》篇对百家思潮的评析中，显露了《庄子》解构社会政治和文化的共构关系的思考；庄子"以天下为沈浊"，"独与天地精神相往来"，在消解名教之后，个体生命终能复归一种"应天地之情而勿撄"的质朴自由境地。庄子蕴示了"无名之道"，在一种个体内在性的"物物而不物于物"的身体感受经验中，主体不再拘囿于某种必然性的是非认识，不再以语言范畴形式为必要。庄子消解了文化暴力的"体尽无穷，而游无朕"，逍遥之境朗现于前，可从庄子的人性观念、政治想象和实践观念三个方面领会此自由之理想。

第五章结语，主要围绕前文对《庄子》所作的阐释进行整体的梳理和反思，从庄子对政治实践和实际生活充满"蔽"与"伪"这一现象的观察和分析出发，聚焦庄子对"正名"的政治文化暴力的批判和反省，尝试给出《庄子》对文化暴力的反思与超越理论对当代生活的可能启示。

第二章

《庄子》对名教的省察

《庄子·齐物论》中，庄子对名言体系和礼教传统展开了反思。庄子认为，诸子的名言体系及其对"道"的象征性解释，实际上是对个体自然情感的束缚，这种专断性的认识模式遮蔽了世界整体自身的多样性和流变性，即"道隐于小成"。庄子认为，"道"在被诸子赋予社会秩序的权威象征意义时，转化为一种绝对性的话语暴力。此外，庄子对"名"的社会规范意义和规则形式进行了批判，指出这种分类言说不仅导致了思想的贫乏，也滋生了虚伪。通过对周文礼教的深入省察，庄子揭示了其中蕴含的话语暴力和不平等，认为这套话语限制了个体的认识自由和实践可能，对个体生命造成了戕害。

对于庄子同时代的人们而言，身处社会世界之中，人们进行"知"的活动所依据的分类阐释图式和秩序想象早已被一种权威的话语所垄断，被诸子之名言和周文之礼教的话语所垄断。这一套权力阐释图式是一套过于简化的话语，由一些概念范畴组成，而概念范畴在我们认识客体的过程中起着组织我们的知觉和感觉的作用，确定实物的界限、性质、类别、价值或意义，概念范畴不仅构建了对象，而且它本身也构成了现实的一部分。即便是山川日月这样的自然物，也是预先的社会性构建，或运用某种社会感知图式而被建构的，这样的对象是被分类的，这些分类图式强加于自然对象之上，使我们误认为这是自然原有的秩序。对于客体的分类认知是被社会性地构建的，客体的类别总是在我们每一个人的头脑中有着大致相同的分类图式系统，人们根据这些分类图式进行分类认识、创造实践，人们稳定地生产着这种分类图式，稳定地生产着社会世界的秩序。

第一节　《庄子》省察名言:"天下失其常然也"

一、"道"的是非:"道隐于小成"

（1）"道"的理念

统治的永恒主题是颁布合法的阐释,包括进行分类、规定和对事物现象的价值和意义进行言说。宰制阶层生产了大量的文化产品,包括分类范畴、象征符号及其他抽象形式工具,用以承载宰制阶层对分类划分和价值意义的规定。这些分类的符号、阐释的系统图式,得到了权力的认可,在世俗中获得权威性的地位,被所有的社会成员所共享,并被视为天经地义的、自然而然的真理认识,是为权力符号。

而实际上,统治并不会宣称是官方生产的话语和阐释,便用一种直接性的暴力进行推广,强加到所有社会成员身上。往往,统治进行权威分类定义、输出权力话语是采用"道"或"天道"的名号。借着"道"的名头,所有的分类范畴和意义言说,都具有了一种天经地义的正确性和合法性,获得了一种自然而然的绝对可信度。人们在认识世界、构建世界的活动中所使用的"道"的观念,即具有权威性和合法性的分类范畴、阐释图式和价值规定等,便是源于这种从官方获得合法性的阐释话语。

"道"作为象征性的概念范畴和符号,是如何成就其终极性的合法根据地位的? "道"之概念的想象、生产和构建,需要放在文化历史中来观察。

首先，"道"的概念和联想、隐喻、象征的思维密切相关：

《周易·系辞》中可以反复看到："见乃谓之象，形乃谓之器，制而用之，谓之法，利用出入，民咸用之，谓之神。"[1]"形而上者谓之道，形而下者谓之器，化而裁之谓之变，推而行之谓之通。"[2]"唯深也，故能通天下之志，唯几也，故能成天下之务。"[3]

在这里，人们在生活和生产中逐渐生成了通过"形"和"象"之间隐喻和象征的认识。在这种联想和象征的思维之中，许多的概念范畴逐渐地被赋予了更多的逻辑、次序和规则的涵义。如，天地之间中央与四方的神秘感觉，构造了人们头脑中自然而然的"中央优先于四方"的观点；延伸到统治思想上，用来解释中央帝王领属四方藩臣的政治结构具有神圣性。这里的"神圣性"便是从"天"的观点中引申和联想而来的，因为同样具有四方和中央的结构，在心理上便产生了一种感觉相似性，由此，这种解释获得了"天"的观念类似的自然而然的合理性。这种宇宙解释具有权威性，而其中并非完全理性的、完全依靠现实经验的，而是含有神秘的内在性感觉的。

而随着文化和实践的发展，有更多的阐释观点和秩序想象遵循这种神秘的象征和隐喻思维。如礼仪、仪式化的规则等权威的来源是其象征着的秩序，因为人们倾向于将人类的行为根据与"天、地、人、神"的系统相联想与类比，亲疏上下等人伦秩序是与天地四方的"序差格局"

---

[1] 《十三经注疏》整理委员会整理《十三经注疏·周易正义》，北京大学出版社，1999，第288页。

[2] 《十三经注疏》整理委员会整理《十三经注疏·周易正义》，北京大学出版社，1999，第292页。

[3] 《十三经注疏》整理委员会整理《十三经注疏·周易正义》，北京大学出版社，1999，第285页。

之中获得合理化的。

又如，"理"的概念，在葛兆光的理解中，是这样形成的："后世演生出极丰富涵义的'理'字，据说它从'玉'得义，应该是属于与'治玉'有关，段玉裁注《说文》时就引《战国策》说，'郑人谓玉之未理者为璞，是理为剖析也'，但是在实际的使用中，它被引申为把土地分为小块，……如果说这还没有越出"剖析"的意义，那么，段玉裁的下一个解释就开始越出界限，'凡天下一事一物，必推其情至于无憾而后即安，是之谓天理，是之谓善治，此引申之义也'，从'天理'再联想下去，万事万物都有了'理'，'在物之质曰肌理，曰腠理，曰文理，得其分则有条不紊，谓之条理'，于是这个'理'字就贯通了相当多的领域，成了一个共同的概念，当人们用它来理解现象与事物的时候，人们很容易就会把'玉'的纹路、土地的沟洫、文章的气脉甚至牛羊的肌骨等等联想在一起，变成一套互相贯通的隐喻系统。"[1]

而当这些"礼""中央优先于四方""天""理"等概念自身的神圣性和权威性通过联想、隐喻和象征思维得到确定之后，又成为别的有待解释的范畴概念进行合理化和秩序化的根据。进而，一个庞杂的宇宙、社会和人类的秩序被统合在"天道"的观念上。由此，在人们漫长的生产活动和日常生活中，整个世界已经逐渐被认识为一种具有秩序、法则和理性涵义的象征性概念系统。葛兆光讨论了古代中国的"天"和"道"的概念，以及这些概念如何影响人们的知识和思想：战国时期的"天"的概念不再是字面上的天空，而是人们通过体验和观察，赋予其象征所有合理性的"天道"。这个"天道"通过仪式、

---

[1] 葛兆光：《中国思想史：第一卷 七世纪前中国的知识、思想与信仰世界》，复旦大学出版社，2001，第45-46页。

象征和符号，在人们的心中形成了一套完整的观念，并渗透到所有的知识和思想中。这些仪式、象征和符号通过暗示的方式，规律地在人们的心中重复对"天"的观念和实践，从而构成了一种强制人们接受的话语权力。这种权力是隐秘且无法抵抗的。[1]

对世界的想象和阐释认识，以及对世界秩序想象的进一步合理化和系统化，深刻地影响了人们关于世界秩序想象即"道"的认识，"道"正是在这种文化历史中延伸出来的。最终，呈现在庄子面前的"道"，便是整一套的象征思维和隐喻系统的大成，即是说，"道"的概念是将代代人不断的文化创造和秩序想象拢括其中，抽象的范畴和阐释不断取代了具体的事象和复杂的认识过程而生成的，"道"成了秩序想象自身的一个别称，其自身抽象地代表着整个秩序想象的正当性和合理性。而"道"也因而从其历史地涵括的概念范畴中获得了终极性秩序的属性，确立了自身在社会生活和社会世界中的价值、观念样式和行为的最终依据地位。

"道"概念的生成，从人们对象征、隐喻和联想的反复使用中而来，成为一种符号，象征着绝对的天地秩序，象征着宇宙、社会、人类一体同构的差序格局。只要提到"道"，人们联想到的便是"秩序""合理""历史""完美""正确""自然"等概念，这使得"道"的概念成为时代的潮流，有着极其强大的社会心理动员力量。即前文提到的，人们对"辩"有着超乎寻常的热情，纷纷想要私己的、专断的意见能够推广为一种"道"的知识，从而获得政治上的动员力量，驰骋权力场。

更何况，在庄子的分析之中，"道"这个概念不仅仅意味着秩序和合理性，而且还被赋予了终极性的价值，"道"象征着生活世界中完美无瑕的"善"。

---

[1] 葛兆光：《中国思想史：导论 思想史的写法》，复旦大学出版社，2001，第45-46页。

一方面，"道"象征着世界客观性方面的完满发展、本自具足："道无终始，物有死生，不恃其成；一虚一盈，不位乎其形。"[1]（《庄子·秋水》）"道"的观念是一种终极的秩序想象——"道"是完满无竭的，超越了时间和空间，超越了世界的变动和不定，"道"是永恒的。"道"是万物运行的道理和法则，所有的事物及其运行都按照"道"的原则，其演变都在"道"的理则之中。"道"是周遍的、完备的。因此，"道"是"善"本身，是"理"本身，"道"自身便是最完善的、最具足的存在。

另一方面，"道"象征着心灵世界的"善"，对于人们的生活世界和行动的发生有着最直接的、最终极的促进作用，能够为一个所有人梦寐以求的完美的世俗生活提供终极的保证：

知晓"道"的人，能够获得一种心灵的宁静，能够获得所有必要的行动知识，能够避开祸患，保全自身的安危："知道者必达于理，达于理者必明于权，明于权者不以物害己。"[2]（《庄子·秋水》）不仅如此，超凡脱俗者对"道"的掌握达到一种炉火纯青的境界时，还能够按照一种不可思议的方式进行活动，如"火弗能热，水弗能溺，寒暑弗能害，禽兽弗能贼"，过上一种人类不敢想象的、超出能力界限的生活。

"道"确立为一种完美的秩序想象，确立为生活价值的来源和行动策略的根据："且道者，万物之所由也，庶物失之者死，得之者生，为事逆之则败，顺之则成。故道之所在，圣人尊之。"[3]（《庄子·渔父》）"道"作为终极的合法范畴，人们不会想要冒险去做违逆"道"、不合"道"的事情，况且，圣人都尊重和遵照"道"来行动，人们便将

---

[1] 陈鼓应：《庄子今注今译》，商务印书馆，2007，第492-493页。

[2] 陈鼓应：《庄子今注今译》，商务印书馆，2007，第495页。

[3] 陈鼓应：《庄子今注今译》，商务印书馆，2007，第946页。

所有按照"道"的名号而言说的东西都作为是天经地义的、自然而然的。至此，对于有着"道"的名号的分类图式，人们会自然地产生一种信念，会进行自然而然的学习和使用，符合"道"的就是好的，不符合"道"的就是不好的。

（2）"道"的意义

从《庄子》中，可以观察到"道"作为世界秩序的象征性符号、作为生活实践和存在价值的凭依，被广泛地用作推行统治秩序的终极性根据——人们对于拥有"道"的名义的思想和话语，总是抱有一种盲目而热情的信念，对"道"的言说事实上拥有着使人闻而可信的心理动员能力。"古之治道者，以恬养知；生而无以知为也，谓之以知养恬。知与恬交相养，而和理出其性。夫德，和也；道，理也。"[1]（《庄子·缮性》）在这里，"道"是一种"理"，是天地运行的理则，是秩序本身，因此，所有有关世界事物和现象的正确认识都源于"道"，同时，只有按照"道"的运行来进行认知和构建活动，才能够"顺"和"乐"。不然，就会"偏行"，则天下大乱，即是说不按照"道"的秩序和道理去认识和构建社会世界，那么这个认识活动和构建世界的活动注定会是失之偏颇的，是失掉本性的。"道"成为分类图式和阐释话语的终极性来源。无论是对于社会世界的交往、实践、群体分类的认识图式，还是对于山川日月等自然现象的观察理解图式，都需要按照符合"道"，不然就是不合法的、不正确的，或被人视为异端。只有符合"道"的言说、阐释和行动，才是合法的、正确的，能够得到好的认识结果或行动结果。

如，对于战乱纷纷、道德沦丧的社会，人们是这样表述的："世丧道矣，道丧世矣，世与道交相丧也。"[2]（《庄子·缮性》）由于丧

---

[1]　陈鼓应：《庄子今注今译》，商务印书馆，2007，第 466 页。

[2]　陈鼓应：《庄子今注今译》，商务印书馆，2007，第 468 页。

失了"道"，故而世界都失去了秩序；因为社会世界不再执着于按照"道"的运行规则和法律来进行认识和活动，故而失去了"道"原有的秩序感，变得杂乱不堪、乱象频出。

又如，天下的最权威和合法的文化是"道术"，构建社会世界的理则和分类范畴，都源自"道"："古之所谓道术者，果恶乎在？曰：无乎不在。"[1]（《庄子·天下》）社会秩序的创生是圣人根据"道"的变化而进行构建的，其"分""名""常"都是"道"的一种理则。个体所在的世界呈现为一个序列清晰的逻辑，社会世界显示为一个清晰分明的秩序，都是凭借的"道"。

当这种"道"的绝对性和终极性在人们的心理层面得到确认，成为一种普遍被接受的社会性知识，人们将"道"视为一个确定的、不言而喻的知识系统，并将其与理性和合法性的依据相关联。人们认为社会世界和自然世界中的各种秩序化现象都是"道"的运行和自化的表现，包括星辰的运转、四时的推移、日月的升降、阴阳的变化、四面八方的天象安排，乃至社会秩序和人间道德，这些都被视为终极性理念的"道"的显现和运作，是天经地义的。这种思想从战国中期开始，成为了人们的共识。——应该予以注意的是，尽管"道"原本是对自然事象的观察和范畴创造，但在一种有意识的文化构建之中，即在宰制阶层所控制的文化生产中，"道"却反过来成为自然事象的本体依据。原本是用作解释自然和社会世界运动的一种阐释想象观念、一种似是而非的想象性揭示，通过话语的构建，却成了一劳永逸的、天经地义的宇宙时空、社会人事的价值依据和合理性的终极根据，在此之上，在社会之中占优势地位的阶层构建了更多的整理社会人伦秩序的概念和分类规范。即是说，在"道"成为既定的、广为人们所接受的知识

---

[1]　陈鼓应：《庄子今注今译》，商务印书馆，2007，第983页。

观念系统合理性和权威的来源后，用"道"作为统治方式和架构的权威性和合法性的保证，加上分明的制度设置对人们的行为和生活进行限制、规范和整顿，使得人们几乎不会抱有抵触，极易为大众以一种理所应当的心理感受所接受。站在历史的角度看，"道"的概念和使用与阐释权力的构建密不可分，"道"及其秩序想象为宰制阶层的统治顺利进行提供了至关重要的符号动员，是宰制阶层实施强力统治而不被被宰制的人们所发现的文化暴力的一种。

故而，有更多的统治符号和统治概念将其合理性和根据归于"道"的概念中，以分获"道"的权威性和合法性，使人闻而可信："《诗》以道志，《书》以道事，《礼》以道行，……百家之学时或称而道之。"[1]（《庄子·天下》）这些典籍声称根据的是"道"的理则，是对不同的人事现象进行总结、分类和描述的权威性话语合集，所有的这些文字和记录都是认识"道"、对"道"的思考和抽象，这使得这些规范性的、限制性的话语轻易地为大众所接受。

甚至，为了更好地理解世界、更好地追求美好的生活，对"道"抱着深刻而广泛的信念的人们，会主动地对"道"的知识和话语进行吸收，身体力行地践行对"道"的认识，即"闻道"和"缘道"。

一旦社会成员普遍地养成了对"道"的偏好，这种社会性的对秩序想象的一致偏好将会给构建世界的实践活动带来巨大影响——这是庄子所关注和欲揭示的——无论对"道"的言说、符号概念或话语多么吸引人，从其形成的过程来看，其自身是某个任意的、专断的观点；从"道"的分类图式来看，这些划分和阐释，也都是一类任意的、专断的划分，那些人伦秩序和生活价值，是某种特殊的价值经验普遍化后得到的结果，往往在实践之中不具有绝对的真理性质。故《庄子》

---

[1]　陈鼓应：《庄子今注今译》，商务印书馆，2007，第983页。

甚至故意将"道"的理念与一些微贱、污陋、腌臜的事物意象联系在一起，与人们往往将"道"与至善至美相关联的做法形成鲜明的对比，以消解"道"的绝对价值和意义，见：

　　"东郭子问于庄子曰：所谓道，恶乎在？庄子曰：无所不在。……庄子曰：在蝼蚁。曰：何其下邪？曰：在稊稗。曰：何其愈下邪？曰：在瓦甓。曰：何其愈甚邪？曰：在屎溺。"[1]（《庄子·知北游》）

　　并且，庄子更加关注的是，"道"自身并不是一套依据理性主义、现实主义的原则而构建的知识系统，而是按照隐喻、象征和联想这种不确切的、想象性的思维方式构建的知识系统；且在宰制权力和结构性暴力的影响下，这套关于世界的权威话语，产生了超乎人们想象的认知上和实践上的荒谬现象。

二、"名"的是非："言隐于荣华"

　　"道"的概念的生成，显示了阐释想象活动的复杂性：人们用语言、创造性的概念，来表达和叙述世界运行的瑰丽现象，而这些想象性的概念和范畴及其传达出来的想象性的有序至美的世界，却反过来影响了人们对于世界真实事象的理解和看法，通过改变社会世界中人们的偏好，对人们的行动和活动产生了巨大的影响，乃至改变了世界的实际状态。从人的能动性层面看，恰恰是人们作为能动者、作为认识和行为的主体，对世界产生了巨大的能动影响。只是，当人们没有全然地意识到自身是一个能够主动认识和改变世界的、天赋具足的能动者之前，其头脑中的阐释和认知常常在一种无意识之中，被来自社会集体的、来自社会世界流行的普遍文化和权力话语系统所构建——即被

---

[1]　陈鼓应：《庄子今注今译》，商务印书馆，2007，第662页。

外界的话语所俘获，将不属于自己内在体认和自主创造的话语作为一种绝对的、权威的话语阐释所接受，并在一种无意识中，成为社会统治的支持者和主动的构建者。

"名"的思想便是庄子所在时代中一个影响深远的宰制话语建构。战国时期，与"名"相关的范畴，如"名形""名分""正名""名实"等，通过各派思想家的讨论和建构，逐渐进入到人们的观念系统，逐渐成为人们认知、阐释和分类判断的范畴图式中重要的部分。不仅如此，当"名"的思想在宰制阶层之中获得了一致的偏好，则相关的政治形式构建也付诸实际，人们面临的不仅仅是文化领域中"名"的思想逐渐地深入人心、被纳入普遍的文化之中，也是社会权力场和政治领域中，与"名"相牵系的种种规范性制度逐渐建立起来，潜藏在"名"之下的分类思想和阐释图式，通过社会世界政治领域相关的奖惩制度和分类阶序，以一种十分权威的、自然而然的态势，进入到人们的头脑之中。换句话说，宰制权力所青睐的"名"的诸种范畴以"定名分""正名字""寓褒贬"，通过政治权力的制度建构，与"名"相关的、宰制阶层所偏好的观念范畴和分类阐释图式得以进入到人们的头脑中，为广大社会成员所接受。

在庄子看来，"名"的思想构建、"名"对"实"的形式规定关系构建等，整体地作为一个阐释和分类的范畴系统图式被人们所接受和认同；当时人们已经在一种无意识中，充分地将"名"相关的思想内化为一种思维方式、看待世界的范式，并通过"名"的分类图式来认识现实、构建现实。只是，庄子站在一个"局外人"的角度，冷静地指出，尽管"名"的思想已经逐渐地成为时代的共识，但从构建的眼光来看，诸子进行"名实""名分""是非褒贬"等的论证，实际上是在争夺"正名""制名"权力，即宰制阶层的各家各派层欲把控和垄断"制名"的公共权力，将私人话语推广为社会普遍真理为广大社会成员所接受，从中谋取政治及经济利益。而站在能动个体的立场上，庄子并不希望"名"这种文化暴力——这种强制地、想象性地规定了整个世界和社会生活秩序的符号系统，强制地要求将它所指涉的一切都实现，这会使得人们错误地对不属于自己内在体验的、不符合自己存在利益的观念和分类阐释图式进行误识，进行虚假的认同，失去真正体验和感受世界真实流变存在的可能性和空间，失去按照自主想象力和创造力进行自我规定和意义赋予的可能性和空间。

（1）"名"的理念

"名"的符号系统在战国时期有了变革性和创新性的发展。可以说，战国中期以后，"名"作为一种拥有阐释权威和象征意义的符号，深刻地与政治结构的构建、世界秩序的生成相牵系。在普遍构建的秩序想象之中，"道"的概念提供了一种一致而广泛的秩序想象背景，而"名"则负担起具体地进行系统性分隔和区分的作用，通过命名、称谓的方式，将作为符号的"名"与秩序和层级相关联，"道"和"名"一起则实现了既有分类区别、秩序井然，又统合为一、融通谐和的宇宙社会图景。这一套用作阐释宇宙社会的范畴概念和关系系统，由于符合统治的需要和宰制群体的利益，在社会宰制阶层不断释放出偏好、进行合法性确认的过程中，逐渐地进入了人们的头脑之中，成为人们用以认识宇宙、阐释世界、进行行动设想和实践策略选择的分类范畴系统。接下来，本研究将就战国时期各家对"名"的符号范畴系统的认识和阐释进行展开，并聚焦于各家普遍地要求"名"之符号系统进入到日常的社会符号统治的部分。

"名"的思想实际上是从象征思维之中发展出来的。

中国古代政治体制的构建和对人伦世事的阐释受血缘关系、宗法制度及家族伦理的影响极深，对于名称，人们常常有一种想象性阐释的习惯——或者和一些禁忌有关，或者和处理人与人的沟通和交流之间、人与神的沟通之间需要遵循一些避讳或尊称的法则相关。名称历史地被赋予了秩序化、制度化和程序化的涵义，如等级制度之中，关于不同的族群关系、血缘关系、等级关系的定义、称呼、特定的仪则是秩序化的。名称也有着象征美好愿望的作用，如取名时会考虑选取一些能够代表人的朴质、秉性等的词，会考虑出生的时间、方位、面貌、气象、兆示等进行命名。

《左传》中，记载了关于鲁桓公太子出世，桓公问大夫该如何命名的故事：

"公问名于申𬘓，对曰：名有五：有信，有义，有象，有假，有类。以名生为信，以德名为义，以类命为象，取于物为假，取于父为类。不以国，不以官，不以山川，不以隐疾，不以畜牲，不以器币。"[1]（《左传·桓公六年》）

在这个记载中，显示了取名一事有着诸多讲究和禁忌，在五个取名的方法"信""义""象""假""类"之中，有些是和神秘化的感觉有着关联，而另一方面，有些取名的法则又趋于理性，按照一种与政治规则相协调、相类比的法则展开，甚至也会向人的道德价值"义"的方向发展。这说明，当时的人们对于名、取名、命名、名称等与"名"有关的活动和称呼有着多样的考量法则和尺度，反映着多样的社会关系。同时，考虑到从商周到战国逐渐庞大，越加细致的等级称谓制度，如爵号、谥号、庙号等政治称谓系统，可以认为，先秦时期对世界事物进行命名、称谓的活动有着规则化、复杂化、明晰化和理性化发展的趋势。

---

[1] 《十三经注疏》整理委员会整理《十三经注疏·春秋左传正义》，北京大学出版社，1999，第179页。

"礼"也与"名"有着莫大的关系:《礼记·曲礼上》说"父前子名,君前臣名"[1],《礼记·曲礼下》说"诸侯见天子,曰臣某侯某,其与民言,自称曰寡人"。[2]表明,"礼"要求通过名称的使用来显示和区别贵贱和上下,可以通过名称来表达自谦、尊重或恩宠。围绕名称和称呼,一个从天子到大臣、诸侯,再到卿士与平民的一般层级秩序便被构建和呈现出来。

孔子和儒家认为,"礼""乐"象征的是一种秩序,即"天道"的概念所涵括的一系列秩序想象,践行"礼"和"乐"及相关的礼仪和仪式是对其所象征和指向的想象秩序的一种确认。保证、确认和遵守"礼"的秩序化和人事仪则的秩序化,其合理性是源于对"天道"的秩序想象的;只是在现实之中,礼崩乐坏,社会秩序出现了较大的破坏,乱象频出,人们对于"礼"的秩序想象意义不再抱有足够的敬畏和尊重,对于仪式规定、行为表现需要符合秩序要求的想法缺乏认同及行动上的心理动员力量。因此,孔子和儒家希望通过诉诸"正名"的思想,通过人们对于"正名"的心理信念,动员起人们对于践行"名"所指称的礼乐名分规定的积极性;通过对"名"进行想象性的阐释,发挥符号的联想和确认作用,使得人们自觉将认知和行为限定在"名"所规定的范围之内,自觉将是非善恶判断按照"名"所显现的阐释图式进行限制和规范——由此,实现"名"的阐释图式对"实"的限制、规范和整顿作用,保证现实世界的"实"的秩序构建按照"名"的想象秩序进行排布,使得社会世界和生活世界恢复到人人按照"礼"及"天道"的和谐秩序来行事和表现的安定状况中来。

---

[1] 《十三经注疏》整理委员会整理《十三经注疏·礼记正义》,北京大学出版社,1999,第73页。

[2] 《十三经注疏》整理委员会整理《十三经注疏·礼记正义》,北京大学出版社,1999,第134页。

可以看出，其中一个阐释的图式变化是，想象性的象征秩序的依据和价值来源"道"，由于现实中出现的礼崩乐坏，而失去了本有的、阐释想象之中的终极性保证；而转向构建和阐释"名"和"实"之间的价值和形式关系，实是文化和阐释范畴上的新的创造。对于宰制阶层实施统治的活动而言，这种新的文化创造为社会世界的秩序构建提供了新的文化产品和可能的权力符号——若是这种新的符号和阐释成为人们对于秩序想象的新的强烈信念，成为普遍为人们所接受的认识图式和分类范畴系统，便能够促进社会中的秩序生成。

具体到儒家对"正名"的阐释构建，首先，孔子提出"必也正名乎"：

"子路曰：卫君待子而为政，子将奚先？子曰：必也正名乎！……名不正，则言不顺；言不顺，则事不成；事不成，则礼乐不兴；礼乐不兴，则刑罚不中；刑罚不中，则民无所措手足。故君子名之必可言也，言之必可行也。"[1]（《论语·子路》）

孔子提出"正名"，是针对"名"在社会政治中的作用而发的。[2]由于"名不正"，则将"言不顺"，又将"事不成"，乃至"礼乐不兴""刑罚不中"，最后至于"民无所措手足"。从这个逻辑阐释链条中，可以看出，孔子认为言语的规定需要按照一种规范的、确切的方式进行表达，这样才能够在政治的推行上实现是非明确、规定标准的效果。孔子的"正名"表达了对于"名"的思想建构而言，至关重要的一点："正名"的思想是要求确定性，要求分类明晰，要求谨慎地表达分别、区别、分隔。换句话说，孔子的"正名"强调了分类图式及其阐释的准确性，

---

[1]　《十三经注疏》整理委员会整理《十三经注疏·论语注疏》，北京大学出版社，1999，第171页。

[2]　萧公权指出："孔子政治思想之出发点为从周制，其实行之具体主张则为'正名'。以今语释之，正名者按盛周封建天下之制度，而调整君臣上下之权利与义务之谓。"（萧公权：《中国政治思想史》，联经出版事业公司，1982，第60页。）

这定下了"名"的思想作为分类、规定、评价判断、赋予意义的图式系统的根本性要求。而孔子"正名"思想，更多地从伦理道德规范和行为准则出发，如《论语·颜渊》："齐景公问政于孔子。孔子对曰：君君，臣臣，父父，子子。"[1]孔子认为，"正名"需要人们按照自己的身份遵守不同的名分所规定的行为准则，如"为君者""为臣者""为父者""为子者"等，需要按照不同身份所对应的礼仪和行为要求去表现。"正名"是对身份制度和等级秩序的强调，若不能够按照宗法等级观念相应的规范和制度进行表现，则整个秩序便会失序崩乱。

儒家的荀子发展了"正名"的思想：

"今圣王没，名守慢，奇辞起，名实乱，是非之形不明，则虽守法之吏，诵数之儒，亦皆乱也。若有王者起，必将有循于旧名，有作于新名。然则所为有名，与所缘以同异，与制名之枢要，不可不察也。"[2]（《荀子·正名》）

荀子将"正名"和"符节度量""法""数"，以及"是非"放在一起，称"名"为"名约""名守"，将"正名"作为一种具有强规定性的范畴概念。

荀子认为，如果人人都宣称自己有能力判定是非，那么这些"僻言""邪说""奸言""奇辞"等必然导致是非的大乱；由此，便会导致政治上的狂乱无章——因此，荀子提出唯有宰制的"王者"才有资格"制名"和"辩说"。在《荀子·正名》篇中，荀子对"正名"的政治作用进行了详尽的阐释，认为要通过有规范意义的"正名"，消除因为是非和观念的随意性、专断性而导致的政治混乱，通过"正

---

[1] 《十三经注疏》整理委员会整理《十三经注疏·论语注疏》，北京大学出版社，1999，第163页。

[2] 《荀子》，杨倞注，耿芸标校，上海古籍出版社，2014，第269页。

名字"即订正名字的意义，"定名分"即辨上下、按名分执定礼乐，"寓褒贬"即将褒贬判断体现在纪事之中，"正辞"即通过言辞规范使人别善恶同异，等等手段和环节，对社会中的人事现象进行命名、分类、阐释——此即"正名"。在政治上实施"制名以指实"，即通过具体的分类言说，实现一套行之有效的分类图式，人们得以按照固定的、确切的分类范畴系统，对社会世界进行分别和定义、产生符合社会分类标准的行动、为自己的行动提供理由和意义等；而宰制阶层的要点便在于——用权力和结构性的制度和措施等，维持这些给定的分类系统，持续地按照这个分类系统生成社会控制，用权力取消不符合分类系统的、超出"名"的规定范围的现象和行为，避免那些"用名以乱名""用实以乱名""用名以乱实"的行为，以一种严格的勘察、查验、审核等制度来保证"正名"的实现。

荀子的思想很明确地要求推行一种一致的、理性自觉的社会分类图式和阐释范畴系统，在一种具有确定性和明晰性的阐释活动中，人们得以进行宰制阶层所满意和期待的认知活动及构建社会的活动。并且，荀子的思想中，明确地提及"制名"——一种通过合法话语构建现实和给定事物的权力，对于荀子而言，这个权力是宰制阶层才能够行使的，并且需要保证"制名"得到确切的行使——不仅仅是在行使符号阐释权力的意义上，更是在保证将阐释置于分明、确切的意义上。

法家的商鞅、韩非子亦认为，需要实现一种名分分明的制度，使得每个人都处在其规定的正确的位置上，而为了确立名分制度，首先要做的是"正名"。《商君书·定分》中，"名分定，则大诈贞信，民皆愿悫，而各自治也。……夫不待法令绳墨而无不正者，千万之一也，……不可以为法，民不尽智。"[1] 圣人指定"名分"是通过制造官

---

[1] 《四部丛刊子部·商子五卷》，上海涵芬楼明天一阁本，影印本。

方的、具有规范和规则意义的分类范畴系统，以暴力机制如"刑杀""法令绳墨"等强制推行，构建社会世界的秩序性，而当这种社会结构成为人们头脑中的认知结构时，便可轻易地实现客观的"名分"分类机制的自我再生产，此即"天下大治"。

《韩非子·扬权》中，"用一之道，以名为首。名正物定，名倚物徙"。[1]强调要对国家之中的规范、准则进行确定和完善。某种程度上，"名"和"法"的技能和作用是相似的，要求"审名"与"察名"，要求一种具有客观性、绝对性、有效性、可操作性的社会世界秩序的构建准则。并且，韩非子要求"循名而责实"："术者，因任而授官，循名而责实。"[2]（《韩非子·定法》）并且根据"名实"以定赏罚，将"名实"的实现即人们社会规范践行与否，直接和人们生活状况的好坏相关联："明主之所导制其臣者，二柄而已矣。……杀戮之谓刑，庆赏之谓德。"[3]（《韩非子·二柄》）要求包括臣下在内的全体社会成员各尽其职，通过奖赏和刑罚体制将整个国家变成一种尊卑分别、分工有序的系统化社会。此外，韩非子还要求一种绝对的阐释话语权威，在合法的、官方的阐释言论之外，不允许任何其他的言论；要求人们不仅在行动上遵照统治的要求，在思想上也不允许有任何私己的意见。见《韩非子·问辩》"人主者，说辩察之言，尊贤抗之行，故夫作法术之人，立取舍之行，别辞争之论，而莫为之正。"[4]即在政治权威"上"给出了明白无误、确凿无疑的分类阐释话语之后，其他的"儒服、带剑者"之类的言论、"坚白、无厚之词章"等属于"言行而不轨于法令者"，需要用国家权力进行排除和打击。

1　《四部丛刊子部·韩非子二十卷》，上海涵芬楼藏宋钞校本，影印本。
2　《四部丛刊子部·韩非子二十卷》，上海涵芬楼藏宋钞校本，影印本。
3　《四部丛刊子部·韩非子二十卷》，上海涵芬楼藏宋钞校本，影印本。
4　《四部丛刊子部·韩非子二十卷》，上海涵芬楼藏宋钞校本，影印本。

　　黄老道家一系的慎到、申不害、尸子亦提到，在"道"生成万物的图式之中，内在地蕴含着以某种一致的"名""法"体系对社会进行规范和控制的要求，即，"道"高于万物，圣人尽可能地要让"道"所生成的"名"和"法"自发地、自主地发挥构建社会世界和秩序的作用。在黄老道家对世界的阐释图式之中，"道""物"二分，而"执道者"即君主则处于一个与"道"相应的位置上，在天下的社会成员面前拥有绝对的支配地位，天下的臣民必须无条件地接受"执道者"的统治——其统治便是通过"名""法"分类范畴系统展开的。如"名者，天地之纲，圣人之符。"[1]（《申子·大体》）"治天下之要在于正名""苟能正名，天成地平。"[2]（《尸子·发蒙》）

　　《管子》也有着类似的对"名"的阐释："正名自治之，奇身名废。名正法备，则圣人无事"[3]（《管子·白心》）；"名者，圣人所以纪万物也"[4]（《管子·心术上》）；"有名则治，无名则乱，治者以其名"[5]（《管子·枢言》）。圣人以虚静的姿态待"物"，而"物"各有其相对应的"名"，圣人只要"因而财之"，即根据对象之名，为物加以裁割分类，就能达到"天下治"的效果。圣人这种"财"与"分类"相关联，保守具有确定性的分类图式，保证由"名"而生的这种分类图式能够得到推行，便能实现一种"治"。在这种对世界的阐释和建构中，臣民都处在由"形"和"名"所确定的位置上，君主则借助"道"的权威性，登上一种绝对的权力顶峰，同时整个社会按照"名"和"法"的自然而然的规定作用实现自我秩序的生产。《管子》的基本观念在于对"名"

[1]　魏征等编撰《群书治要》，吕效祖点校，鹭江出版社，2004，第35页。
[2]　孙冯翼辑《问经堂丛书：尸子》，清嘉庆间金陵承德孙氏刊本，影印本。
[3]　《四部丛刊子部·管子二十四卷》，房玄龄注，常熟瞿氏铁琴铜剑楼藏宋刊本，影印本。
[4]　《四部丛刊子部·管子二十四卷》，房玄龄注，常熟瞿氏铁琴铜剑楼藏宋刊本，影印本。
[5]　《四部丛刊子部·管子二十四卷》，房玄龄注，常熟瞿氏铁琴铜剑楼藏宋刊本，影印本。

的自发的规定作用进行肯定，而强调"名"的规范作用，即是强调"名"及其分类图式自身在构建社会的活动中的关键作用。

"名"的思想在战国中期之后蔚为大观，要求构建统一的等级制度和社会分工体系，要求用"名"以实现"治"的思想，普遍地见诸多本典籍之中：如"名者，天地之纲，圣人之符"[1]（《群书治要》）；"名正则治，名丧则乱"[2]（《吕氏春秋·正名》）；"至治之务，在于正名"[3]（《吕氏春秋·审分》）。

这里提及的各家，对"名"的阐释总是按照一种伦理规定、政治规定的范式进行构建，将"名"作为一种政治操作的工具、与现实政治有着密切关系的范畴进行阐释。

（2）"名"的意义

这些与"名"相关的思想是关于社会世界秩序形式的范畴讨论，其目的在于对社会世界和自然运转中的各类事象进行分门别类、命名和规定，同时对社会中不同关系、不同活动中的人们的身份、职责、行为规范进行分类、规定以及赋予其意义等。这些对"名"各家不同的阐释，其共通之处在于，要求"名"的系统能够客观上具有一种分类的清晰性和明确性，并且整体上具有一种系统性和整体内在的关系性。这在客观上极大地使得阐释图式和秩序想象加倍地井然有序、严整而堪称典范。有这样一个纷繁复杂而庞大深刻的"名"的系统，人们对于历史理想、神圣事业及政治秩序的运作逐渐生出了充分的信念和认同。这种信念自身吸引着人们对这种阐释系统不断进行吸收、认同和内化。故而，由宰制阶层出于自身统治需求和利益需要而创作和

---

[1] 魏征等编撰《群书治要》，吕效祖点校，鹭江出版社，2004，第346页。
[2] 《四部丛刊子部·吕氏春秋二十六卷》，高诱注，上海涵芬楼藏明刊本，影印本。
[3] 《四部丛刊子部·吕氏春秋二十六卷》，高诱注，上海涵芬楼藏明刊本，影印本。

构建的话语系统便顺利地进入了人们的头脑中，扎根其中，构成了人们对世界的认识和理解，构成了人们对社会关系展开和自我存在展开的根据和生成原则。

值得注意的是，在"名"的文化暴力构建中，为了使得专断的、任意的"名"自身成为某种天经地义的、自然而然的分类范畴，从而吸引和动员人们的认同、理解和接受，对"名"的阐释之中往往夹杂着对"制名"之人拥有神秘性认知能力的叙述，能够"体道""名物"。强调圣人、超凡脱俗者有着某种神秘的能力，能够体察阴阳变幻之道，能够预知和感受事物生存和死亡的征兆，计算和预测事物和自然的发生和变化，通晓人事和福祸的变化发展等。如，《礼记·祭法》中，"黄帝正名百物以明民共财"。[1] 显示黄帝有着特殊的把握事物名称的能力，并且正确地把握事物的名称能够给社会的成员带来共同的美好秩序，通过明确分类的原则将人事放置在正确的位置上，构建和谐的生活秩序。

再如，《天道》中，"是故古之明大道者，先明天而道德次之，道德已明而仁义次之，仁义已明而分守次之，分守已明而形名次之，形名已明而因任次之"[2]（《庄子·天道》）。此处将万物生成与构成相关的"形名"及分类图式视为是由"明大道者"所出，所谓"明大道"是超凡脱俗者能够体察天地运行的秩序，而其通过体察"天道"而制作的分类秩序想象，则是涵盖社会秩序规则性的概念的，包括"道德""仁义""分守"等；即是说，无论是这些规则性的价值准则、"天道"运行的严整伟大谐和的终极性秩序，还是超凡脱俗者自身超绝而神秘的认识、阐释和命名事物的能力，皆处在一种彼此相关联的关系之中，

---

[1] 《十三经注疏》整理委员会整理《十三经注疏·礼记正义》，北京大学出版社，1999，第1292页。

[2] 陈鼓应：《庄子今注今译》，商务印书馆，2007，第399页。

互相为关系中的其他元素或部分提供合法性根据。这种彼此涵括相关联、可以相互联想和证明的整体关系，使得这个阐释整体呈现出一致的、严整的自洽性质——阐释者有意要借助"天道""圣人""名分"等指向和蕴示的象征想象整体，显出此阐释整体有着深刻而广泛的、根源于天地自然本身的终极性依据。事实上，只要人们对于能力出众的超凡脱俗者、神秘的"天道"自然秩序或是社会世界的美好秩序图景三者中任意一个怀有好奇或信念，便极容易为阐释之中的其他部分所吸引；而在这种自然而然的阐释接受中，这个涵盖了"天道""圣人""名分"分别的阐释图式和分类范畴系统，便自然而然地被人们所理解和接受，自然而然地被信以为真，并被作为一种天经地义的绝对知识吸收——当此阐释图式逐渐成为人们头脑中的心智结构，这种秩序想象和分类图式便生成了普遍性，对社会成员的认识和实践产生普遍的影响。

总的来看，"名"对社会进行区别和分类的符号系统对于人们的认识和实践产生普遍的影响，是依据人们对于秩序想象的强烈信念而实现的——无论是"天道""圣人""名分"分别等概念，都是紧密地为创造一个人们头脑中明确、权威、整全、尽善尽美的秩序想象的信念服务的。人们心中对于秩序想象的信念越强烈，则人们对于实现这种秩序想象的热情和驱动力便越高涨，也越能够行动起来，按照秩序想象所要求的和所规定的形式行事。

关于这点，可以从"名"对"实"实现要求来理解：就各家从政治构建的立场对"名"进行的构建和阐释来看，较为普遍的一点是，"名"所描述的是一种具有权威性的、绝对正当的要求，即是说，"名"作为一种称谓、作为一个具有明确的规定和定义的符号，"名"自身有着其权威的根据，其权威之来源使得它要求着相对应的"实"的实现。

换句话说，"名"推动着对"名"的图式和秩序想象拥有信念和认同的人去实现"名"所对应的"实"，如果不实现这种"实"，对"名"拥有信念和认同的人便需要面对来自其权威性根据的质疑、逼迫、否定等心理压力。人们对于头脑之中存在的自然化之后的常识，拥有一种去将其实现、按照其进行行动规划的驱动，这是知识信念的内在驱动力；假如拥有这样的常识，却不去实现它所要求的和规定的东西，便是对自己的知识信念的否定、对自己的存在的否定。——这是战国各家热衷于将"名"与"圣人""天道"等有着普遍的权威性和终极性依据的范畴相关联的原因之一——这些原本便具有巨大的驱动力和心理动员能力的范畴，将赋予处在同一个秩序想象中的"名"符号系统以类似的权威性，使得人们也内在地拥有按照"名"的分别和规定形式去规划世界和实践的驱动力。

即是说，当人们将"道"的概念阐释和整体想象作为一种自然化的常识而全然接受时，对于其他的与"道"相关联、以"道"为根据的概念范畴，也会拥有同样的信念和认可。除非人们对社会中的普遍文化与常识，对自己头脑中的整体概念与阐释想象，进行彻底的反思和扬弃，人们才能从对秩序想象的盲目信念和信心中走出来，创造对于世界自身有着真实性、独特性的理解和阐释。

另一方面，应该看到，"作者之谓圣，述者之谓明。明圣者，述作之谓也"[1]（《礼记·乐记》），圣人"知物""名物"神话的编造，赋予了"名"自身和把持"名"的命名权力的宰制者们一种神秘的神圣性，使得统治权和宰制阶层被抬升到一种神性的层面，也使得接受权力话语的人们生起一种对神圣性的敬畏，轻易地便能够按照一种敬

---

[1] 《十三经注疏》整理委员会整理《十三经注疏·礼记正义》，北京大学出版社，1999，第 1122 页。

畏和顺从神秘力量、神圣事物的态度来肯认和对待统治和宰制,将"名"之符号分类系统作为一个天经地义的阐释图式进行全然的接纳和使用。并且,人们会将生成"名"的权力、认识和阐释世界之事物的权力视为自己所没有资格拥有的、也没有能力去拥有的——因为在具有权威的阐释话语之中,只有圣人才有资格、有能力去对世界的事物进行本质的认识和恰当的理解和阐释。

当"圣人制名"的阐释观点已经深入人心,关于社会事物的认识、命名和规定等阐释话语,已经为这种权威话语所垄断时,人们实际上便将个体存在自身的认识自由、规定和赋予意义的意志自由"自愿地"割让了——人们并不认为自己有着能够比肩或是超越"圣人"的神秘能力,自己对于世界的认识和阐释也无权威话语所展现出来的面面俱到、措辞完美、秩序严整,人们并不会认为自己有资格和能力去创造某种有异于权威话语的认识和理解。在这种"凡人"对"圣人"、"一眨之知"对"道之知"的绝对悬殊的想象性关系结构中,乃至被权威话语贬为"倒道而言""迕道而说者"的境况中,人们自然地放弃了对于自主内在认识的信念,放弃了以一己之力与权威的话语相对抗的念头。

当由"名"作为分类范畴系统、"道"作为整体秩序想象的阐释图式,在各家各派积极的发展和阐发中不断变得更加具有权威性和合理性,不断进入到人们的头脑中成为一种天经地义的、自然而然的知识时,个体因对此知识系统深信不疑,相对而言,主体内在地展开认识世界的自主阐释和自由想象的空间和可能性便逐渐地缩小了。放弃对通行的、普遍的知识观念进行质疑、辩驳,放弃自我规定和自由地创造意义认识,则愈加频繁和普遍。即是说,当一个阐释分类图式经由权力的运作成为社会世界中的权威话语的时候,这阐释分类图式便成为文化暴力，使得社会中的大多数成员都按照这种阐释分类图式进行对世界的理解和认识，进行行动的选择和规划，并且按照这个阐释图式给自己的行动赋予理由和意义。

（3）制"名"

在战国中后期，"名"逐渐成为一种社会主流思潮，思考语言与政治之间的关系，思考语言如何得以说明世界，思考如何通过语言来调整世界的实际状态，每个有识之士都想要作出解释。这种思潮纷涌的现象，是与当时的社会背景相关联的。

郭沫若在《名辩思潮的批判》中认为"名实论"和社会时代背景发生的变动有着极大的关系："社会在比较固定的时候，一切事物和其关系的称谓，大体上是固定的。积久，这些固定的称谓被视为天经地义，具有很大的束缚人的力量。"[1] 然而，当社会制度发生变革，各种事物发生质变，所有的关系都开始动摇，甚至出现剧变时，旧的称谓无法适应新的内容，而新的称谓还在尝试中，尚未得到公认。在这种情况下，新旧称谓之间必然产生冲突，这就是所谓的"名实之相怨"。

牟宗三在《先秦名家之性格及其内容之概述》中也认为，当时的社会话语纷涌，是因为旧有的周公之制不再能够维持，礼乐崩坏，故而显现了许多新的政治话语："周文发展到春秋战国时期，由于贵族生命的堕落和社会渐趋复杂而维持不住，即贵族们不能再维持周公所制作的那一套礼乐制度、名物度数。贵族的生命一堕落，就不免名实乖乱、名器乖乱。"[2]

---

[1] 郭沫若：《十批判书》，东方出版社，1996，第261页。
[2] 牟宗三：《先秦名家之性格及其内容之概述》，载《中国哲学十九讲》，吉林出版集团有限责任公司，2010，第177页。

即是说，"名"的思想作为一类政治话语，其出现是与国家秩序的状况、统治的状况相关系的：当旧有的统治秩序出现动摇和变换，使原本一致的、被广泛接受的普遍文化制度发生了动摇和变换，此时，新的文化观念、新的政治话语、新的阐释分类图式便一应涌现出来——"名"的观念阐释便是应此机而生的。各人对政治理想和正义愿景的看法不同，各人对"名"的阐释和想象彼此也不相同；这种差别既源于士人们性格迥异、偏好志趣不一，也根源社会是非争锋的本质——不同权力集团、不同宰制利益的士人和知识分子想要借机争夺符号统治的权力、争夺话语权威，即有识之士纷纷各抒己见，乃是出于利益的考量，盼望用严词正论笼络人心。

本研究在这里想说明的是，从政治实践的观点来看，保证"名"能够得到相对应的"实"的实现的，除了足够明确、清晰和仔细的规定、指称之外，最重要的，是需要政治权力的参与。因此，各家在对"名"进行阐发时，实际上是希望得到权威的政治权力的肯定，希望能够呼唤到官方体制的认可，得到实施、推行的体制保证。"名"作为一种明确的分类符号系统，其阐释者和拥戴者，正与权力场发生着有意的共谋性。即是说，从儒家的孔子、荀子，到法家的韩非子、商鞅，再到黄老道家等士人思想家，一方面，展现了各家对于社会普遍的关怀及对政治理想与正义的追求，而另一方面，也显示了或是说曲折地投射了士人自己及所在阶层对于符号权力的追逐。在诸子对"名"的思想阐释中，毫无疑问，最终都将使得人人按照"名"的规定进行生活，整个社会世界是井然有序的，死杀征伐都不再生起，但诸子最根本的目的仍然是维护政治秩序，促进国家统治，有着直接的、现实的、实用的考量——迎合统治的需求，帮助权力机构和宰制阶层整理国家社会的秩序。最明显的例子是商鞅，发展出了最冷酷的和最彻底的实用理性：商鞅认为，应该由"圣人"来对土地、财产和性别进行划分，并通过权力和威势来强制执行带有惩罚和奖励措施的"法"，以此来维护社会秩序。

"分定而无制，不可，故立禁。"[1]（《商君书·开塞》）

"能领其国者，不可以须臾忘于法。……夫以法相治，以数相举，誉者不能相益，訾言者不能相损。民见相誉无益，相管附恶；见訾言无损，习相憎不相害也。"[2]（《商君书·慎法》）

认为所有事物都应该受到实际的法律规范的约束，所有人的思想和行为都应该受到严格的约束，这就是所谓的"法任而国治"。

考虑到"名分""名实""名法"的实现不能离开权力和暴力，各家对"名"分类范畴系统的构建和阐释，若要得到推行和实施，则绕不开宰制权力的强化，离不开政治和统治效率的提高，这些都和国家体制、暴力控制、刑罚奖惩制度相关联。反过来，如果像孔子、孟子和荀子那样，诉诸一种内在的道德意志自觉，按照道德理性的要求，对自身的言行进行检讨和完善。这种注重内在自觉的学说，则不会走向对人们进行强制的思想控制、行为控制。

当我们从占社会大多数的、被宰制的人们的角度进行考虑，即从"名"的分类范畴所统领和分配规定的对象的角度进行考虑时，便会发现，随着"名"的流行，"名"作为符号权力越加受到统治的青睐和推行，人们的处境变得糟糕了：必须履行的行为规定和仪则规范变得更加严苛，受到的思想和言论管制变得更加细致和具体。除此之外，由于"名"作为普遍性的符号分类系统，人们对整个世界的阐释和认知都受到了这个分类系统的深刻影响，在无意识中，人们按照一种绝

---

[1]　《四部丛刊子部·商子五卷》，上海涵芬楼明天一阁本，影印本。

[2]　《四部丛刊子部·商子五卷》，上海涵芬楼明天一阁本，影印本。

对的赞同和服从的态度对已成为常识和共识的"名"的分类系统进行自然化的使用，在客观上以一种"共谋"的姿态参与到宰制阶层的统治中。人们的自主创造和自由想象的可能性和空间也被进一步挤压了。

第二节　《庄子》省察周文礼教："胥易技系，劳形怵心"

从战国时期各家论治世之"道"和论"名"的阐释构建来看，至关重要的是进行分类、区分，对事物现象进行有关价值的、有关意义的言说，将统治对分类和区分的权威看法寄寓于"道"和"名"的阐释之中。无论是引入圣人"知道""体道""名物"的神话，还是引入古时帝王传说，都是传达这种分类的形式、分类的范畴是源远流长的，其根据是权威的、正当的、具有绝对的终极价值。随着逐渐为大众所接受，接受为一种普遍性的文化常识，这些有意构建的有关生成社会秩序的话语便固定下来，成为人们认识、感知和构成意义的活动中趁手的认识工具和分类工具。

人们对世界认识的秩序想象并不是依靠对"名"和"道"的认识便实现了最终构建的。这些划分世界的知识和观念系统，如果仅仅是以一种形式化的、文本化的方式存在，以一种思辨知识的方式存在，便是与大众距离遥远的。因此，人们对世界的整体秩序想象，是在一种实际的社会体验中，在对观念分类在世界的现实呈现、在社会结构性分类的体验之中，这种分类的图式、阐释的想象才进入到人们的头脑之中，整个秩序想象才得以最终完成。即是说，在一种对社会体验的归并之中，人们得以完成对世界的秩序认识和整体阐释想象。

由"名"和"道"等概念范畴构建起来的符号分类系统并不是仅仅停留在思辨观念中、停留在口头争辩或文本记录之上，在更多的时候，这些符号系统、权威的有关世界的观点，是在一种社会客观的、权力直接分配的分类实践之中，进入到人们的头脑的。即是说，从"名"和"道"等范畴出发构建的一个具有规范性的、神圣性的秩序想象深入人心，并不是靠辩士、诸子等知识分子对阐释和理论的话语构建，而是在一种具体的、社会性的实践和经验中，进入到人们的日常生活中，进入到人们的生命体验中——这种分类结构通过社会秩序、权力的运作、制度和结构的网络潜移默化地构成了人们内心结构化的经验现实，这个自然而然的秩序想象才真正被内在化为"给定的世界现实"，这些由宰制阶层制造的控制社会构建的权威话语才真正显露出文化暴力的狰狞面孔，蛮横地凌驾于个体的内在之知之上。

社会秩序首先是以一种客观性的形式存在的，即基于物质资源的分配。关于物质资源的分配，这是一种最基本的、最客观作用的秩序构建。其次，是以一种深层的客观性形式存在的，即各种分类的体系，存在于社会世界的客观逻辑之中，又以一种普遍被接受和认可的分类图式，存在于人们的头脑之中。这些分类图式，总是以一些二元对立的范畴为基本的界限形式展开。种种关于分类的客观体系，在人们的头脑中凝定为一种自然化之后的常识。它支配了我们的视界和常识，支配了我们的认同原则，成为我们自己的主观感知、视界和分类图式，如我们常常使用性别的观点，采用血缘辈分、国别、阶层、资源的富裕程度等范畴去了解别人。

一、分封制与宗法制

西周初年，分封制和宗法制的确立，使得国家的基本管理模式确定下来。在分封制的秩序构建中，周天子将封地连同封地上的人力封赏给王室子弟和功臣，诸侯在其封国内享有世袭的统治权，有着巨大的军事政治权力，具有相对而言很强的独立性。

这种封建制度按照一种政治与宗法共同作用的分类观念"君之宗之""亲亲"等原则作为依据：《荀子·君道》说，周公"兼制天下，立七十一国，姬姓独居五十三人，周之子孙苟不狂惑者，莫不为天下之显诸侯，如是者，能爱人也"。[1] 大宗与小宗层层统属的制度，使得这些宗法观念、宗族组织、宗族文化等思想理念，获得了一种权威的确认，成为官方的权威话语。

同时，周代对诸侯的分封采用了一套明确的礼仪制度。分封典礼通常包括以下环节：赠予象征性的物品、发布分封的"命书"、确定诸侯的氏称以及规定祭祀的范围等。例如《左传·定公四年》所记，"分鲁公以大路、大旗、夏后氏之璜、封父之繁弱"。这些器物显现出明确的宗族和君臣关系和意义，强化了以王室为本、拱卫京师的秩序要求。"命书"的分封如《左传·定公四年》载，周公封鲁"命以《伯禽》而封于少皞之虚"，封卫"命以《康诰》而封于殷虚"。诸侯和天子之间的宗法隶属关系和政治臣属关系通过"命书"予以传达和证明。"命氏"源于"胙土"，诸侯受封并获得氏称，象征着他们与王室建立了宗法和政治的从属关系。"命祀"通过规定诸侯的祭祀活动，进一步强调了诸侯对王室的从属地位。赐物、命书、命氏、命祀等分封礼仪，都是为了加强王室与诸侯之间的宗法联系，以及强化王室对诸侯的宗

---

[1] 《荀子》，杨倞注，耿芸标校，上海古籍出版社，2014，第 147 页。

法控制。这些礼仪的设立不仅体现了国家的意志，也展现了宗族分门别户的特色。[1]

在分封制度的框架下，周天子把封地和居民一同赐予王室的子弟和有功之臣，这些被封的诸侯在自己的领地内享有世袭的统治权，从周王、诸侯、卿大夫到士，各级贵族层层占有土地。相应地，国家的资源分配主要按照一种原始的财富观念进行分配，国家的最高宰制者拥有所有的社会财富。如《诗·北山》中有"浦天之下，莫非王土"。《国语·周语上》中有"土之有山川也，衣食于是乎生"，"夫利，百物之所生，天地之所载也"。[2]周天子拥有全国的土地、土地产出以及附属于土地的奴隶和平民，这些都构成了周天子的私人财产。根据身份和职位的不同，周天子将田地和奴隶分配给诸侯和各级官员；诸侯虽然获得了土地的使用权并可以世袭，但他们并未拥有土地的所有权，也无法进行买卖交易。总体而言，社会财富和资源的分配依据是土地的拥有权，即土地是宰制阶层获得收入的主体要素。垄断了土地拥有权的宰制阶层，决定了宰制阶层也在其他社会经济资源的分配中占据了绝对的有利地位。

二、礼乐制度

西周的分封制度推动了有关"孝""友"等一系列的以宗族血缘为原则的价值观念的阐释构建。西周时期的礼制高度重视血缘和宗法，强调宗族相对于个人的绝对至上意识。礼制设计按照强化宗族群体的

---

[1] 胡新生：《周初大分封与宗周礼制的传播》，《中国社会科学院大学学报》2022年第7期，第19-36、140-141、145页。

[2] 黄开国、唐赤蓉：《诸子百家兴起的前奏：春秋时期的思想文化》，巴蜀书社，2004，第294页。

认同感为要，强调宗族成员的身份地位差异，强调宗族组织的层级和秩序。如《尚书·康诰》载周公告诫康叔之言："元恶大憝，矧惟不孝不友。……于父不能字厥子，乃疾厥子；于弟弗念天显，乃弗克恭厥兄；兄亦不念鞠子哀，大不友于弟。"[1] 要求按照"孝""友""明德慎罚"等原则进行实践和行动。进一步说，宗周德治的思想理念随着礼制推广至所有社会政治领域，成为当时占主导地位的思想。

在西周建立的以封建、宗法、等级制为核心的宗族社会中，以父家长制为中心的家族制和宗法组织是以"各安其位、各尊其道"为社会秩序理想的，并且显现为一种以礼乐制度为载体的"德治主义"政治，如《礼记·礼运》所说，"天下为公，选贤与能，讲信修睦"。[2] 周公"制礼作乐"，将上古时期祭祀祖先、与神明沟通以指导人间事务的巫术礼仪进行全面的理性化和体制化，使其成为社会秩序的规范准则。这就是所谓的"亲亲尊尊"的基本原则。礼乐秩序是与"天道"相联系的，自然的法则也是社会生活的法则，"天道"内在于人自身，是人所固有的一种内在的德性，于是礼乐制度与"德"密切相关——臣对君尽忠，子对父尽孝，妇对夫尽顺，弟对兄尽悌；与此同时，君、父、夫、兄等尊者长者，对臣、子、妇、弟等卑者幼者也有特定的义务。这两者的配合，便构成宗法制社会的"和谐"。

礼乐"亲亲尊尊"，是以建立整体的分类规范和行为规范为核心的，及至战国时期，礼的要求涵盖了社会生活的各个方面，正如荀子在《荀子·王制》中所述："衣服有制，宫室有度，人徒有数，丧祭械用，

---

[1] 《十三经注疏》整理委员会整理《十三经注疏·周易正义》，北京大学出版社，1999，第366页。

[2] 《十三经注疏》整理委员会整理《十三经注疏·礼记正义》，北京大学出版社，1999，第686页。

皆有等宜。"[1] 无论是人们的饮食服饰，还是容貌态度、进退出入，都需要以礼为准则，按照礼的规定来约束自己的行为。

礼乐制度作为一种具有普遍性的行为准则和社会道德规范，是人伦道德的总的分类根据和权威话语。[2]孔子认为，"道之以政，齐之以刑，民免而无耻；道之以德，齐之以礼，有耻且格"[3]（《论语·为政》）。荀子认为，"夫行也者，行礼之谓也。礼也者，贵者敬焉，老者孝焉，长者弟焉，幼者慈焉"[4]（《荀子·大略》）。礼是人之为人的道德伦常，在尊卑、长幼等人际关系中得到体现。

对于儒家而言，礼乐制度是社会成员得以定位自身在社会生活和社会结构中的位置和实现恰当的行为的一套分类系统，[5]每个人都可以从礼乐制度提供的伦理关系规定之中获得自我的定位，寻找自己的伦理位置，并且履行自己应尽的伦理义务，最后整体社会便能够形成合理的和有效的人伦之理。在社会广泛的关系交往层面，儒家认为在具体的社会伦理生活中，需要调理人与人之间的关系，规避乱，而实现治，安定人心秩序，实现社会王道秩序也要求众多的"应该"德目。因此，

---

[1]　钟泰：《中国哲学史》，东方出版社，2008，第85页。

[2]　余英时："本书的一大纲领在于断定三代的礼乐传统（也可简称'礼'）为中国轴心突破提供了直接的历史文化背景"，"先秦最先出现的三学派……之间的思想分歧也源于对待'礼乐'的态度各不相同。"（余英时：《论天人之际：中国古代思想起源试探》，联经出版事业公司，2014，第17、19页。）

[3]　《十三经注疏》整理委员会整理《十三经注疏·论语注疏》，北京大学出版社，1999，第15页。

[4]　《四部丛刊子部·荀子二十卷》，杨倞注，上海涵芬楼藏黎氏景宋刊本，影印本。

[5]　赖锡三认为，"'原初伦理'之回应能力反而被'规范伦理'之结构系统给取代，于是感同身受、响应他人的原初能力，逐渐疲软堕化为一套固定言行模式的形式规范"。（赖锡三：《〈庄子〉对"礼"之真意的批判反思——质文辩证与伦理重估》，《杭州师范大学学报（社会科学版）》2019年第3期，第1-24页。）然而，一个几乎无法避免的复杂现象是，规范的伦理总是建立在一套完整的语言符号系统上，其中的结构（如礼教名份）和反结构（如违礼乱份）常常处于相互排斥又相互依存的复杂状态中。

这一系列的伦理道德德目，不仅仅呈现为一类"慎言行"的伦理道德范畴，作为中国古代社会宗法制社会结构的分类要求，也呈现为以"忠君、孝亲"意识为主体的封建伦常主义。

这一整套完备的以礼乐制度为核心的政治宗法制度，构成了一整套有关社会分类的符号公式：当人们身处这种社会空间之中，具体可感的称谓、礼制、器物、仪式、文件等，都使人深切地感受到国家政权所担保的以分封制和宗法制为主体的权威分类。人们在整体世界之中生活和实践，对一整套的分类系统有潜移默化的领会和认识，故而这些客观分类图式已经作为一种普遍性的知识内化于社会成员的头脑之中，人人都能够捕捉具体的事物的特征，用社会阶序构建的这套分类阐释图式进行分类的判断，对具体的事物和成员进行一种社会位置的确认。[1]

三、社会分类秩序

对于人们而言，社会资源的分配图式，意味着自己能够从中领会社会秩序的构成，并且确定自己所在的社会位置。社会秩序也由土地赋税制度构成，社会资源和财富的分配是社会生活最基本的事象。

《史记·夏本纪》中有"自虞夏时，贡赋备矣"。[2]据传，夏朝始，土地和税收便有着严格的划分和完善的制度。根据《尚书·禹贡》的记载，夏朝根据土地类别和质量将九个州的土地按上、中、下各分三个等级，

---

[1] 余英时认为，"礼乐传统自夏代以来就体现在统治阶层的生活方式之中。……这种情形在孔子对当时那些违反礼乐秩序基本准则的贵族的严厉谴责中得到清楚的反映"。（余英时：《论天人之际：中国古代思想起源试探》，联经出版事业公司，2014，第88页。）

[2] 司马迁：《史记·夏本纪》，载纪昀主编《四库全书·史部》，浙江大学图书馆馆藏影印本。

共九个等级，然后再根据土地等级确定田赋。如冀州"厥土惟白壤，厥赋惟上上错，厥田惟中中"。[1]赋税是"上上"第一等，夹杂第二等。兖州"厥土黑坟，厥草惟繇，厥木惟条。厥田惟中下，厥赋贞，作十有三载乃同。厥贡漆丝，厥篚织文"。赋税为"下下"第九等。青州"厥田惟上下，厥赋中上"。赋税为"中上"第四等。此外还有徐州、扬州、荆州、豫州、梁州、雍州共九个区域，整个贡赋制度呈现出明确的分类和分明的层级。夏朝的赋税制度还通过土地的地理位置、距离都城的距离与交通条件等分类范畴，作为课税的依据，见《史记·夏本纪》："令天子之国以外五百里甸服：百里赋纳总，二百里纳铚，三百里纳秸服，四百里粟，五百里米。"[2]即距离国都越远的土地，田赋的课税则越轻，因为运输的难度更大。

到了西周，根据《周礼·地官司徒》的记载，设有"土均"之职，"掌平土地之政，以均地守，以均地事，以均地贡，以和邦国都鄙之政令、刑禁与其施舍。"[3]按照土地的质量分类征收税赋，以使税赋公平。又设"草人"之职，"掌土化之法以物地，相其宜而为之种。"[4]根据土地和地形的特征，确定土地的生长物和相应的产品，人们按照这些分别，进行不同品种植物的栽种，将所产的谷物产品向上缴纳赋税。

及至春秋战国时期，税收制度分类出现了更多及更细致的原则，显示了经济政治领域分类活动的详细化和系统化。应该看到的是，此时社会的贫富不均现象突出，如《诗经·伐檀》中，"不稼不穑，胡

---

[1] 《十三经注疏》整理委员会整理《十三经注疏·尚书正义》，北京大学出版社，1999，第132页。

[2] 司马迁：《史记》，岳麓书社，2002，第7页。

[3] 《十三经注疏》整理委员会整理《十三经注疏·周礼注疏》，北京大学出版社，1999，第223页。

[4] 《十三经注疏》整理委员会整理《十三经注疏·周礼注疏》，北京大学出版社，1999，第224页。

取禾三百廛兮! 不狩不猎, 胡瞻尔庭有县貆兮。"[1] 又如孟子所述: "凶年饥岁, 君之民, 老弱转乎沟壑, 壮者散而之四方者, 几千人矣。"[2](《孟子·梁惠王下》) 面对这种民不聊生的状况, 有识之士提出了更多的经济资源分配和税赋变革的分类范畴。

其中一类社会政治思想是站在实现社会公平、人民和乐的立场展开的。管仲提出"相地而衰征"的税收政策。《国语·齐语》中有: "相地而衰征, 则民不移; 政不旅旧, 则民不偷; 山泽各致其时, 则民不苟; 陆、阜、陵、墐、井、田、畴均, 则民不憾。"[3] 根据土地的等级进行明确的分类, 税收的数量与土地的等级直接相关。优质的土地需要缴纳更高的赋税, 而劣质的土地则缴纳较低的赋税, 体现税收的公平负担原则。齐国晏婴则提出用"节适""省征"的原则对税赋进行征收, 认为需要将税赋放置在伦理的范围内考虑, 用一种"权有无""均贫富"的原则进行财富的分配, 见《晏子春秋·内篇问上》: "百官节适, 关市省征, 山林陂泽不专其利, 领民治民勿使烦乱。知其贫富, 勿使冻馁, 则民亲矣。"[4] 孔子则提出"闻有国有家者, 不患寡而患不均, 不患贫而患不安"[5](《论语·季氏》), 即按照社会地位分配物质财富, 使得每个人获得与其名位相符合、相匹配的资源, 以使得社会保持均衡、和谐。墨子则提出要按照劳动及其功绩进行赏赐和分配, 即"以德就列,

[1] 《十三经注疏》整理委员会整理《十三经注疏: 毛诗正义》, 北京大学出版社, 1999, 第 369 页。

[2] 《十三经注疏》整理委员会整理《十三经注疏: 孟子注疏》, 北京大学出版社, 1999, 第 60 页。

[3] 《四部丛刊史部·国语二十一卷》, 韦昭解, 杭州叶氏藏明嘉靖翻宋本, 影印本。

[4] 《四部丛刊史部·晏子春秋十卷》, 江南图书馆藏明活字本, 影印本。

[5] 《十三经注疏》整理委员会整理《十三经注疏: 论语注疏》, 北京大学出版社, 1999, 第 221 页。

以官服事，以劳殿赏，量功而分禄"[1]（《墨子·尚贤上》）。墨子从一种现实主义的立场出发，针对悬殊的贫富差别，认为要用一种普遍的道德关爱原则"为贤之道"进行分配的活动，如，"有力者疾以助人，有财者勉以分人，有道者劝以教人"[2]（《墨子·尚贤下》）。按照这种关爱的原则进行社会财富的分配，则可实现一种和乐的社会景象。

另一类社会政治思想，提出按照"法"或"术"的范畴来进行财富的分配。管仲认为，社会资源的分配机制，需要控制在一个相对稳定和有度的水平上，用"法"来维系社会的安定："夫民富则不可以禄使也，贫则不可以罚威也。"[3]（《管子·国蓄》）管仲认为，为了实现对社会的操纵和稳定，不能够使得人民过于富或过于贫，需要按照一个"论功记劳"的原则进行分配："君子食于道，则上尊而民顺；小人食于力，则财厚而养足。"[4]（《管子·法法》）如此，则能够实现一种和谐的社会秩序。商鞅、韩非子亦认为，需要按照一种"刑""赏"之"法"来实现社会资源的平稳分配："贫者益之以刑则富，富者损之以赏则贫。"[5]（《商君书·说民》）对贫者施以"刑"之威，使之专一于社会生产，则会富足；另一方面，"是以明君之使其臣也，用必出与其劳，赏必加于其功"[6]（《商君书·错法》），引导人们不断地助力国家的"农战"事业，则能够将财富集中到国家，使国家兵力强盛。韩非子则认为，人皆"好利恶害""喜利畏罪"[7]（《韩非子·难

1　《墨子》，朱越利校点，辽宁教育出版社，1997，第10页。
2　《墨子》，朱越利校点，辽宁教育出版社，1997，第15页。
3　《四部丛刊子部·管子二十四卷》，房玄龄注，常熟瞿氏铁琴铜剑楼藏宋刊本，影印本。
4　《四部丛刊子部·管子二十四卷》，房玄龄注，常熟瞿氏铁琴铜剑楼藏宋刊本，影印本。
5　《四部丛刊子部·商子五卷》，上海涵芬楼明天一阁本，影印本。
6　《四部丛刊子部·商子五卷》，上海涵芬楼明天一阁本，影印本。
7　《四部丛刊子部·韩非子二十卷》，上海涵芬楼藏宋钞校本，影印本。

二》），故而要"以刑治、以赏战，厚禄以用术"[1]（《韩非子·飭令》）。宰制者掌握赏罚之利器，按照一种"论其税赋以均贫富"[2]（《韩非子·六反》），既不过分轻也不过分重的原则进行分配。

春秋和战国时期出现的这些对于社会分配的新主张、新分类范畴和新的理念阐释，有着令其所言付诸现实的能力，成为时代文化和社会精神结构中的一部分。

更重要的是，这些关于社会秩序的描述和意义的阐发，使得整个世界的分类秩序想象呈现出一种井然有序的分类运行态势，在人们的心理结构中凝为一种"秩序感"，即激起人们对于世界的秩序的肯定和认同——整个社会世界，土地的分割、阶序的分配、称呼的分类、职责的分工等，皆井然有序而有着其历史的合理性。这种"秩序感"从各种分类的图式、区分的范畴、对差异和分类的意义阐释构成的整体秩序阐释中来，成为人们对世界的最根本理解。同时，应该看到，人们对世界秩序的深刻认同和深切共鸣的情感，会产生极大的心理力量，有着极强的动员能力，人们会希望这种"秩序感"持续地发生，即认为社会的分类和意义规定是稳定的、持久的。

第三节 小结

前文概述了从西周到战国时期的社会秩序的构建，包括宗法制度、分封制度、税赋制度等。可以明显地看到，在关于这些宰制制度和秩

---

[1] 《四部丛刊子部·韩非子二十卷》，上海涵芬楼藏宋钞校本，影印本。

[2] 《四部丛刊子部·韩非子二十卷》，上海涵芬楼藏宋钞校本，影印本。

序构建的文字中，所有的制度构建都根本地与社会客观分类、社会资源的分配及社会成员的行动规定有关；并且，在描述制度构建的文字之中，所有的制度构建、器物设置都是与对整体秩序的阐释和想象密切联系的——制度的构建不仅仅是将行动和人群进行分类、将器物和礼仪分门别类及将约束人们的规范和禁忌直接地进行陈列，更重要的是，关于制度的话语需要指出这些分类、规范、制度等的意义，指出这些差异生成的缘由，指出每一个构成元素在整体秩序中的位置，等等。即是说，进行客观的分类和阐释分类的意义规定是社会秩序话语构建的两个重要方面。宰制群体不仅制造和生产了社会的客观分类，如对人群进行划分、对土地和社会资源进行划分、对社会关系网络进行划分等，并且，宰制群体还制造了对这些划分的意义阐释，如通过强调血缘亲疏对宗法制的意义进行指派，通过"封建亲戚，以藩屏周"阐释分封制的正当性，等等。

通过官方的阐释，将分类规定进行法定意义的指派，人们得以用一种自然而然的方式接受这些客观的分类和差异，将这些差异和分类接受为世界固有的、天经地义的、理所当然的现实。对于身处社会之中的人们而言，这些话语中揭示的社会便是社会现实自身，所有的制度和器物都有着其与生俱来的意义，人们也通过这些话语领会自己的社会身份、所处的社会位置及当下的行动方向。

而这些所有的关于社会秩序运行和结构构建的言说，如对于宗法制度、分封制度及赋税制度等的言说，总是在推动社会按照这种言说和阐释进行构建和生成，即是说，这些话语自身是具有绝对权力的宰制群体和宰制阶层生产的，宰制的言说是具有实现力量的言说，这些话语和阐释总是正"以言行事"——这不仅仅指的是宰制力量用权力构造了整体社会的分类结构，还指的是宰制力量通过用一整套一贯的价值范畴和准则、二元对立的确定性范畴、想象性的理想世界等，构建了一个井然有序的秩序想象。当这个秩序想象成为人们认识世界的阐释视界和分类图式时，这种话语自身更深刻地实现了"以言行事"——人们已将这种有关世界秩序和分类原则的权威话语当作天经地义的知识，意味着人们已经将整个分类秩序和意义想象作为一种必然的"世界现实"进行接受和内化，同时也意味着对被统治位置的适应，对统治的接受，对世界给予的社会规定和社会职责的接受，意味着对统治现实、阶级分类、资源不平等的分配、悬殊的社会结构的自然化接受，当这些认同进入精神结构之中成为人们思想配置的一部分时，人们便会自然而然地生产这种秩序，生产可分类的、符合自己的社会规定的活动，将所有的任务指派、暴力和不平等的结构都视作合情合理、天经地义。

简单而言，社会分配的客观逻辑和结构，通过官方的话语和符号阐释，会成为存身在这个社会的所有成员认知和行事的逻辑结构。

第三章

《庄子》对文化暴力
现象的批判

庄子在《齐物论》《人间世》等篇目中叙述了不同形式的文化暴力现象，庄子对不同类型的文化暴力对个体生命造成的伤害进行了省察。

庄子看到，名言系统和周文礼教所采用的分类模式，如"有伦有义，有分有辩"被个体视为理所当然，这种分类方式被应用于对世界的认识和实践的决策时，便会导致人们脱离实际、虚伪行事。庄子批判统治者通过政治语言对人们施诸暴力的现象。统治者的政治语言，如"君人者以己出经"，造成了人们的忧虑和恐惧，"小恐惴惴，大恐缦缦"，伤害了主体生命的自主性，拘束了个体自在的实践意识。庄子亦对集体意识对人们施诸暴力的现象进行反思，个体常常被集体意识所左右，"人卒未有不兴名就利者"，庄子见到个体在追逐外在利益时，逐渐遗忘了自己生命的真实本性，即"见利而忘其真"。

庄子亦对天下人的整体生活状况进行了总体的阐释——"失其性命之情"，强调了消除社会中存在的文化暴力的必要性。庄子认为，文化暴力使个体失去了自然情感，导致人们无法"自适其适"。因此，社会名言礼教和分类系统需要被解构和超越，以恢复个体的自由，复归生命的悠游之境。

庄子认为，人们实际上是在无意识中，将生产知识和价值观念的生产自主性让渡于社会权力话语机制，但从结果看，人们用这种公共性想象的方式生产认知，久而久之，便会将自己囚于一个想象形式的世界之中：当所有的知识对象、认知对象和意义赋予的对象都是被社会权力话语机制所指定和提供的，所有有关世界的观点、知识、意见，也都是从社会权力话语机制而来，这样一来，人们便迷失在社会性的想象形式和社会普遍构成的观念世界之中了，人们的上手对象是凭借社会权力话语机制而生成的某种观念性的存在，人们的社会交往对象、实践中的互动对象是凭借社会权力话语机制而生成的某种观念存在——因为人们不断地使用和依赖于社会权力话语机制，人们的认知已经被其深刻地构成和影响了，社会权力话语机制已经取代了生命存在的自主意志和好奇心，取代了心灵的内在性经验和真理创造机制，那么后者所指向的具有实在性的经验真理和以生命存在自身为根据的生命真理感受便不再显现，那便"终身役役"了。

第一节　分类模式及其暴力

一、分类模式："有伦有义，有分有辩"

《胠箧》篇展示了庄子对"窃国者侯"的洞见：

"世俗所谓知者，有不为大盗积者乎？所谓圣者，有不为大盗守者乎？何以知其然邪？昔者齐国……所以立宗庙社稷，治邑屋州闾乡曲者，曷尝不法圣人哉？然而田成子一旦杀齐君而盗其国。所盗者岂独其国邪？并与其圣知之法而盗之。"[1]（《庄子·胠箧》）

"世俗所谓知者"一句奠定了整段话的基调："知"才是造成整个纷争和乱象的根本缘由。这种"知"是一种固定的分类图式，能够产生分类、认识和判断，能够为事物和现象赋予意义和价值，进一步地，能够构成实践，即是说，能够产生可分类的实践，以及为此提供意义和价值。

---

[1]　陈鼓应：《庄子今注今译》，商务印书馆，2007，第298页。

像常人把值钱的东西用箱子、布袋、小柜装起来，用绳索、锁头好好地关严实，而大盗则利用暴力的方式将整个值钱的东西连同关锁守护的工具一并窃取，而结局是大盗重新以一个常人严守私己钱财的面目出现，另有大盗伺机而动想要取而代之。

接下来在有关社会政治的寓言中，这个故事被叙述为：圣人通过设置"宗庙社稷"，设置"邑屋州闾乡曲"以及其他"圣知之法"，维系社会生活秩序，养护长治久安。这些"圣知之法"的存在，就像箱子、布袋、小柜、绳索、锁头那样，作为一个强有力的社会装置存在，圣人通过这些强有力的体制工具施加统治，坐守齐国的土地和人民。

"尝试论之：世俗之所谓至知者，有不为大盗积者乎？所谓至圣者，有不为大盗守者乎？……跖曰：何适而无有道邪？夫妄意室中之藏，圣也；入先，勇也；出后，义也；知可否，知也；分均，仁也。五者不备而能成大盗者，天下未之有也。"[1]（《庄子·胠箧》）

无独有偶，违逆叛上者如田成子则再次以一个大盗的面目出现，以强横残暴的方式夺得了统治地位，杀了前一个统治者，并与大盗同出一辙——将整个"圣知之法"同时窃取，俨然一副圣人守土的姿态凌驾齐地之上。这种理所当然的乃至必然的姿态不仅体现在窃国大盗相当自在地以圣人自处，也体现在其合法性顺利地得到周遭国家的承认。换句话说，大盗此时与圣人已无任何区别：俱是对内占据了至高的统治位置，对外获得了周遭统治者在地位上的认可；行事的方式也与圣人无异：通过推行"圣知之法"维系齐地社会生活秩序，养护齐地长治久安。而新的"圣人"同时也被大盗所窥伺，因其坐拥齐地至高无上的盛名、荣誉、地位和利益。

---

[1] 陈鼓应：《庄子今注今译》，商务印书馆，2007，第301页。

而"为大盗积""为大盗守"则意味着这种盗取与被盗的轮回更替是不会结束的，只要值钱的东西仍然存在，只要总有人能够通过占据社会的统治地位而获得土地和人口等巨大利益，这种盗窃行为便不会终止。

"盗亦有道"，盗贼协调和组织生活的行为准则也与"圣人之道"相同：作出认识和评价的乃是"圣"，带头进去的乃是"勇"，最后出来，就是"义"，理智判断则是"知"，均分成果则是"仁"。如果盗贼集体的成员不能执行此五条德性规范，那么便成为不了水平极致的"大盗"，不能窃重宝，负盛名。

在这里，"圣知之法""圣人之道"的本质也通过大盗之口被揭示：与"盗亦有道"之"道"几无区别——引导社会成员行动和实践的伦理规范、道德准则等，仅仅是为了要批量构建、模塑或矫正其为拥有特定品质和能力之人，有如斗斛、权衡、符玺等，是为了实现占统治地位群体的现实利益而存在的，是话语性的权力工具，是构建社会秩序、模塑社会成员的构成原则。

而伦理规范、道德准则所显耀的美好光辉，与其所指向的人性至善至美，都仅仅是人们头脑中象征秩序的信念运作——占统治地位群体通过专断性的话语权力构建了符号秩序，并通过花言巧语将这种符号暴力粉饰为某种宏大美好的图景；而在专断话语垄断语言的长久历史中，这种符号秩序也被个体无意识地内化为构建社会实践的构成原则，换句话说，专断的规范被个体内化为某种具有特定美好象征意象的符号；但这丝毫无损于专断规范本身是统治阶级的统治工具的底色，对于维系某种社会秩序有用，对于统治群体有用——这是为何圣人和大盗都对"圣知之法""圣人之道"青睐有加的根本原因。[1]

大盗盗取齐国之后，并不打算更换构建社会秩序的符号原则"圣知之法""圣人之道"；大盗道出"盗亦有道"即其作为行事、博取利益之"道"与"圣人之道"无异。在此篇章中，"圣人之道"被捏作一个玩笑，被贬低为一个任人争夺和褒贬的器具（甚至已然是某种程度上作为"私器"的存在），显现其工具性是这两个有关"圣人之道"的寓言之所欲明——所谓"圣知之法""圣人之道"，不过是占社会统治地位的群体谋取利益、构建有利于其群体利益的社会行动准则的符号话语。这即是"圣知之法"必为大盗所窥视的原因。

另一方面，"圣知之法"之所以为君人者所重视，是因为这种关于社会分类、日常运行的权威话语，具有一种使被统治的人们在无意识之中接受自己必然命运的特性。

《天下》篇揭示了社会客观的系统划分：

"以仁为恩，以义为理，以礼为行，……以法为分，以名为表，以参为验，以稽为决，其数一二三四是也，百官以此相齿，以事为常，以衣食为主，以蕃息畜藏为意，老弱孤寡皆有以养。"[2]（《庄子·天下》）

这个段落揭示了古人想象和构建的社会理想及社会客观划分：圣人、君子和百官、民；展现了层级分明、序列清晰的统治阶级秩序：治与被治的区分。个体在群体中序列清晰、在实践中分类明确是统治阶层行事逻辑的基本形式；在百官内部，即统治群体内部，亦有着明

---

[1] 根据《荣格文集》，在这个情况下，个体逐渐转变为社会的一个功能单元，而社会在某种程度上剥夺了作为真正生活载体的角色。实际上，社会和国家都是抽象概念。但现今，它们被赋予了具体形态和自主性。（卡尔·古斯塔夫·荣格：《未发现的自我（现在与未来）》，载《文明的变迁》，周朗、石小竹译，国际文化出版社公司，2011，第188页。）

[2] 陈鼓应：《庄子今注今译》，商务印书馆，2007，第983页。

确的序齿。其中讲究的制度化的政治运行结构、政治事务的处理原则是：施行恩惠的原则是仁，建立条理的原则是义，规范行动的原则是礼，调和性情的原则是乐，仁慈是总的面貌。作为统治者阶层的百官，其践行角色义务的策略是工整的，以贯彻统治原则为宗旨：行事局限在法度、名号、比较、考稽，依照某种参考、类比的思维和行动模式从事社会制度和章法的支持工作。统治的主体和客体的划分也是明确的，即社会占统治位置和不占统治位置的群体划分是明确的：作为被统治的阶层，只能接受衣食、蕃息畜藏等等结构分配的任务和职责。

在布迪厄看来，这在本质上是一种文化暴力现象：所有这些关于社会客观划分的知识，逐渐在长时间的生活实践中，成为社会中所有社会成员的行动的关键原则，被视为理所当然的普遍性知识。普遍性知识作为一种开放的实践偏好系统存在于人们的头脑之中，始终受到经验的支配，并因而始终受到经验的影响。这种普遍性分类系统知识包含一种帮助主体进行区分和认知的图式的知识，即是说，一种看事情、崇拜事情、决定事情好坏、判断事情对错的思维方式。[1]

权力潜藏在"圣知之法""畜民之道"的秩序图式中，令人难以觉察，因为人们往往认为这种普遍性的、大家都认可的知识，是一种自然而然的知识，没有一个主体强迫大家接受，没有暴力的作用在这儿。

社会分类图式使得人们自然而然地按照分类的原则，构建生活和实践。分类的原则本身是社会客观分类和结构性差别的产物，在这种生活领会中，人们总是倾向于将所有的差别都视为理所当然并且全社会一致的。人们被社会分类图式支配，将自己所匹配的东西与非匹配的东西分开，将自己所信仰的东西与对立的东西分开，从实践可能的

---

[1] 朱国华：《权力的文化逻辑：布迪厄的社会学诗学》，上海人民出版社，2016，第136-149页。

角度上看，人们的生活逐渐变得毫无可能超出常规，变得无聊和机械。这无形之中，加深了人们对于承受必须承受之事、必须到来的命运，避无可避的无可奈何。

具体而言，从经验的发生场看，在社会生活中，无处不在的是社会的结构运行和制度运行，无处不在的是各种国家暴力机器的功能性环节，在人们意识到之前，人们就已然处在一个结构性的暴力的操控之下了。而这种受到社会结构深刻影响的实践，从中得到的知识，也刻上了社会结构的深刻烙印，即是说，存在于人们心灵之中的经验现实，是一种已经被结构化了的经验现实。

而从知识的发生场看，在社会生活中，往往流传着一种过于简化的权威话语，人们对这种话语是确信无疑的，认为其是自古以来就有的真理，是天经地义的、大家都这么说的真理。而实际上，这种权威的话语也是一种专断的任意的话语，只是这种阐释的形式和话语获得了绝对的权威，作为一种象征符号受到所有人的关注和依赖。这种权威话语被口耳相传，被视作自然的绝对真理，从一种普遍的使用形式中控制了人们的思维方式。

"多方乎仁义而用之者，列于五藏哉，而非道德之正也。是故骈于足者，连无用之肉也；枝于手者，树无用之指也；多方骈枝于五藏之情者，淫僻于仁义之行，而多方于聪明之用也。"[1]（《庄子·骈拇》）

庄子认为，"明""聪""仁""辩"是多余的分类概念和范畴。在文化的生产场中，对于世界事物和现象、人事的认识分类范畴和概念越来越层出不穷，对于价值和意义的看法和阐释也越来越丰富，文化及相关话语领域全面开花。对于这类文化享受和生产的群体，实际上是占统治地位的群体日常的生活实践，在浮华的形式中选择自己偏

---

[1] 陈鼓应：《庄子今注今译》，商务印书馆，2007，第 272 页。

好的，以彰显自己的审美偏好。同时，这种阶层成员互相沟通享受，亦在互相争执，意味着不同利益集团正在争夺符号的诠释权力，争相为谋夺更深厚更广大的象征利益而汲汲营营、忙碌喧嚣。

"今世之仁人，蒿目而忧世之患；不仁之人，决性命之情而饕贵富。"[1]（《庄子·骈拇》）此处的"仁人"与"不仁之人"同处于一个占优势地位的统治者的社会位置，享有宽松优渥的物质生存条件，同时分有创造、构建和阐释社会生活实践的权力，能够对构建社会文化生活及社会体制产生极大的影响和能量。"不及之法"不可从之法式——这种评价是站在天下被统治者的角度而作出的："不及"的表现体现在"凫胫虽短，续之则忧；鹤胫虽长，断之则悲"[2]（《庄子·骈拇》），即"失其性命之情"——对于常人而言，可以选择什么样的实践、以什么样的方式进行实践，此二者实际上是没有选择的，或者说，常人所以为的实践选择和偏好，实是被系统性地构建的，即是说，占统治地位垄断话语权力的群体，通过灌输一种特定的审美偏好和分类系统的方式，使得常人在无意识之中建构了一种与客观社会划分相一致的认识和实践图式——故常人通过头脑中的审美偏好和分类系统生成的可划分的实践选择及为此提供的价值和意义，是顺从于垄断的话语权力的，是非自主的。之所以称这种生成的实践选择是"失其性命之情"，其根源在于：这种顺从符号权力的、被先在地决定了的、非出于生命自身自由选择的实践，将会给个体生命带来悲惨的命运，一种主动迎合统治者的权力需要进行强迫的自我剥削、自我异化及自我伤害的悲惨命运。

综合来看，人们总是时刻在进行实践的领会，对世界进行认识。

---

[1] 陈鼓应：《庄子今注今译》，商务印书馆，2007，第276页。

[2] 陈鼓应：《庄子今注今译》，商务印书馆，2007，第275页。

人们的心智结构、认知系统、分类图式等等，总是受决定于其所在群体的社会结构，总是模仿着被社会历史构建的形式构建自己的认知形式，具有一种历史的专断性和从群体之中来的约定俗成性——"是专无主正，所以览古今之时，是非之分也，与俗化。"[1]（《庄子·盗跖》）社会结构对不同的群体进行划分，对不同的等级进行分配，这种社会区分的结构，和人们头脑中对于世界的认识和理解所凝成的心理结构，具有一种同源性。从个体来看，社会结构被个人所内化，成为一种身体化的社会结构；无论是礼仪、服饰、伦理交往等等，社会情景准则总是以一种内心深刻的认同相伴，人们认为这种社会性的准则是理所应当的，人们对之报以非常广泛的理解和同情，认定这是一种正当的事情。这种认可、认同也是与社会结构相通的，是同源的。人们身处其中，徜徉其中，认为常规的就是舒适的，常规的就是好的。在心理的构建和稳定的实践再生产之中，这种社会结构不断得到延续。

二、分类模式暴力：民"离实学伪，终身役役"

社会的分类文化暴力导致的其中一个荒谬现象是，人们的整体生活呈现为一种必然的生活。

《徐无鬼》中有个关于人们信念与命运的隐喻："濡需者，豕虱是也，择疏鬣自以为广宫大囿，……自以为安室利处，不知屠者之一旦鼓臂布草操烟火，而己与豕具焦也。"[2]（《庄子·徐无鬼》）猪毛上的虱子，选择猪毛稀疏的地方，以为是广宫大院，以为是安全便利的处所，不知有一天会被屠夫随着猪一同被烧焦——不过是随着人事

---

[1] 陈鼓应：《庄子今注今译》，商务印书馆，2007，第915页。

[2] 陈鼓应：《庄子今注今译》，商务印书馆，2007，第755页。

繁荣而俱荣，随着人事衰败而退亡罢了。虱子苟安自得，以为能够根据审美偏好进行实践选择，不知它仅仅只能接受命运的安排罢了，这种能够"享受"的选择最后还是被视为毫无价值、无需在意的物件被肆意踩踏和丢弃。

前文提到，社会的结构和人们心灵的结构具有同源性。公共权力总是倾向于将某些东西强加到个体表现之上，并且当个体显示出拒绝或不合作，则个体势必受到暴力的惩罚。拥有权力的宰制者，不会想看到人们通过拒绝或不合作以显示对自己的权威的挑战，宰制者不想自己进行随意定义和随意支配的权力受到质疑或挑战。这就使得人们不得不顺从社会的要求，即是说，暴力的管理逻辑假定了个人欲求必须与权力的要求相吻合，假定了个人的表现必须与社会的公共规范相吻合。社会的结构和人们心灵的结构二者的同源性在此依然生效，即是说，人们自身的欲望也是社会性地被构建的，这种欲求和追求的方式路径，都是被社会性地给定的。人们对其产生认可和认同，强烈地要将生命的精力倾注其上，都是社会性的要求所构建的。

人们在世界中辨认自己的模样。"我所是"即对自己在社会世界中占有的社会位置、社会资源和自我身份认同，决定了人们如何构成自己的社会生活、如何展开生存和生产。而"我所是"这个观念的构成，并非一种自主的智性自觉，而是受到了社会权威话语和客观生存条件的极大影响。

在其中，宰制力量所扮演的角色，是推动人们的分类活动，将整体的分类图式和意义分配形式施以客观上的强化，如加固社会利益和资源分配的分类系统的"因果关系"，通过奖赏荣辱等持续再生产社会的既有划分。其中，堪称宰制利器的是象征形式——通过语言构造象征秩序的存在，左右人们的思维方式，将分类图式置入人们的头脑之中，使得人们不自觉地用权威话语所构建的分类图式进行感知、分类和评价活动，分配行动的理由和根据。

"井蛙不可以语于海者，拘于虚也；夏虫不可以语于冰者，笃于时也；曲士不可以语于道者，束于教也。"[1]（《庄子·秋水》）人们总是在一个相对固定的时空之中，在一个相对确定的社会空间和社会位置之中，因此，人们对世界的认识受到社会客观历史条件的制约，具有给定性质。同时，人们在集体实践中认识世界。集体实践亦从一开始便具有一种给定性质，因此人们对世界的认识，是客观的、历史的社会划分决定的。集体对于象征秩序拥有着深刻信念，同样使得人们对象征秩序也拥有持续且深刻的信念。象征秩序的构成是通过客观存在的权威话语诉诸不同等级的社会位置、礼仪、符号、意义和价值等的规定而完成的。象征秩序在实践中无数次地被"辨认"和"凸显"，因此象征思维逐渐为人们所掌握，而象征秩序和形式化的观念世界越发地取代着真实世界。

人们身处社会中，经过特定建构的抽象表象深深地扎根在头脑之中。符号秩序以图形的方式提供了一种粗略的、过于简化的观念和话语，即一个关于一整套观点的观点，用来解释事物逻辑的那些逻辑；普通人通过这些观点系统出发形成对世界的看法、对事物的判断。

"窃国者侯"之喻说明，在社会世界中，权威话语拥有令它所指涉的东西随意存在的权力。政治话语对于人们的影响和支配，在常规的行为规范和奖惩刑罚之外，更经常和普遍的是通过语言或象征对人们的日常生活实践进行支配。这种支配并不是一种系统化的、明确化的语言，而是含混的、模糊的陈词滥调，通过一种潜移默化的形式，运用信念的力量进行。"狶韦氏之囿，黄帝之圃，有虞氏之宫，汤武

---

[1] 陈鼓应：《庄子今注今译》，商务印书馆，2007，第 477 页。

之室。"[1]（《庄子·知北游》）越来越精致的居所象征着社会分类秩序的发展，同时却也意味着距离相对广阔无边际的山林、皋壤越来越远了——"山林与！皋壤与！使我欣欣然而乐与！"[2]（《庄子·知北游》）。但是在人们的观念之中，更加多的建构分类、更加精致的象征秩序是更好的、更合理的。人们总是在一种对象征秩序和集体历史的表象中完成对世界的秩序认同，而这些话语通常是一种政治性的。

在经验和表达之间有着巨大的、含糊的、不确定的空间。专业的、精湛的宰制成员，如史官、礼官等，则通过干预经验与表达，干预能指与所指的关系，通过垄断话语的生成和话语的审查来实施一种强制的推行——私人领域的对经验和表达、能指和所指之间的话语生成，即叙说和陈述的活动。在这种强制的审查中，私人话语因未能符合占统治地位的话语的不合法性质，而丧失所有威信和说服力。由此，占统治地位的政治话语便摧毁了私人话语和私人观点生成和流通的可能性。

如《秋水》中的寓言：

"公子牟隐机大息，仰天而笑曰：子独不闻夫坎井之鼃乎？谓东海之鳖曰：吾乐与！出跳梁乎井干之上，入休乎缺甃之崖……而跨跱坎井之乐，此亦至矣。夫子奚不时来入观乎？"[3]（《庄子·秋水》）

由于人们囿于一种信息闭塞的空间之中，囿于技术上和视界上的匮乏，人们永远无法从整体上且在多种关系中领会世界整体，无法从一种全体性的视角来客观锚定自己的位置。

人们使用公共的符号系统进行认识，将事物进行区分和认知，产

---

[1] 陈鼓应：《庄子今注今译》，商务印书馆，2007，第 677 页。

[2] 陈鼓应：《庄子今注今译》，商务印书馆，2007，第 677 页。

[3] 陈鼓应：《庄子今注今译》，商务印书馆，2007，第 503-504 页。

生了相应的实践选择，人们用这种符号系统为自己的实践赋予意义，提供行动的理由和动力，最终使得这些实践是可分类的，在他人的阐释中是合情合理的。

这意味着，人们的行动源于人们的分类判断，而分类判断的根源是这种符号系统的划分图式，即是说，从发生机制来看，这种符号系统的划分图式和阐释图式，既是客观上于社会而言可分类的实践的发生原则，也是这些实践的分类系统及阐释图式。人们会避免做那些在他人眼里毫无意义乃至违背常理的事情，人们会用他人眼里看待事情的目光来为自己的行为提供分类和依据，行动的发生与社会公共的分类图式息息相关。这种分类图式构建了人们的分类实践和分类认知。

最终，人们所处的社会世界就是呈现为系统性的风格的生活空间，人们不仅仅在使用这种分类原则，也进一步再生产和构造了这些分类原则的社会结构。阐释和分类图式作为一个发生公式，不费力气便能够使得人们自行再生产可分类的实践，遵循社会分类的图式进行生活，并认其为一种自然的、合法的生活——人们的分类和解释判断总是和所处的空间相一致，一切都严丝合缝，仿佛无懈可击。

人们头脑中的判断系统已完全呈现为社会共享的一套符号区分系统，变成了一种身体化的思想配置，随时准备着提供合乎情理的实践和为实践提供意义认识。人们自身的生活实际上已经被物化为各种分类符号，各个事情和特征都显现得可分类、合情合理，显得自然而然。

于是，从一种综合的视角来看，人们在符号判断系统的操控下，正在使得自己的全部实践显现为系统性的，因为这些实践都是由一个确切的或者可以互相转换的分类模式生成。同时，这种符号判断系统，使得人们的生活具有了一种一致的风格，全然区别于另一种符号社会的生活——想象的他人的生活显得如此荒谬——就好像"埳井之蛙"

与"东海之鳖"互相不能理解那样，不同处境、不同客观条件下的人享有的思维和行动的图式是不相同的、不相融洽的，故而持一种固有确定的实践认识图式的人，面对全然迥异的、使用的范畴全然模糊的实践认识图式时，会感到一种坚硬的异质性，即一种无法容纳的感觉。

就如惠子惧怕庄子取代他的宰相一职，对于二人而言，"宰相"之符号涵义是完全不同的："夫鹓鶵，发于南海而飞于北海，非梧桐不止，非练实不食，非醴泉不饮。于是鸱得腐鼠，鹓鶵过之，仰而视之曰：吓！今子欲以子之梁国而吓我邪？"[1]（《庄子·秋水》）相信在惠子看来，庄子的这个阐释，将集体表象视为笑话，将世俗所看重的价值视为一文不值的做法，是不可思议的。

庄子哲学揭示出，这种"观念先于实在存在"的象征思维，使得人们习惯了客观外在价值感受先于主观内在价值感受、客观真理先于主观真理；在这种思维的影响下进行的活动，注定是一种缺少实在性关切的活动，即是说，先在的规定和分类图式，是认识世界和实践行动的终极根据。这意味着，当人们不得不按照象征思维进行思考和行动，那么只能按照给定的形式展开行动、生活，只能按照给定的分类图式来辨析世界的意义。归根结底，这个思维本身是先在地将存在及世界整体的实在性蛀蚀了，即在一种极度简化和抽象的世界分类图式之中，有意识地、事先地蛀蚀世界的流动变化、当下时空的特别条件、具体的生活和感受的节奏、对存在的思考和领会等。在象征观念之中，所有具有时空实在性的东西，都被视为是某种"可归类的东西""即将被归类的东西"，因此，当人们接触到世界中的现象和事物，便开始无意识地进行划分和归类，此时，这些真实的、活泼的现象和事物便失去了实在性，而被贬低为某种观念中的存在物。

---

[1] 陈鼓应：《庄子今注今译》，商务印书馆，2007，第 512 页。

如在南伯子綦看来，人们对声名的听信和尊崇已经到了一个虚浮、迷失的境地："田禾一覩我，而齐国之众三贺之。我必先之，彼故知之；我必卖之，彼故鬻之。若我而不有之，彼恶得而知之？若我而不卖之，彼恶得而鬻之？"[1]（《庄子·徐无鬼》）南伯子綦必定先有声名显扬于外，故而才使得田禾知晓有南伯子綦的存在；南伯子綦必定声名十分显扬，在众人之间的地位很高，故而田禾才会前来亲近，才会有众人对田禾前去亲近南伯子綦致以贺喜。南伯子綦的显赫声名是田禾和众人作出相关行动的根据，在这一系列的认识和行动中，南伯子綦的显赫声名显然比南伯子綦作为人的存在更吸引众人，对众人更有影响。众人所尊崇的是划分中处于优势地位的、以象征形式存在的事物或人物，是已有所划分和"定论"的事物或人物；至于此事物或人物本身是怎样的行动状态、有如何了不起的工夫、具有何种智慧……皆不在众人的考量之中。人们尊崇的是客观分类话语，人们趋之若鹜于在客观分类中占据优势地位的事物，人们朝夕所思考和上手的都是象征思维和客观分类活动，以分类和权威话语为符号的象征形式已经占据了人类生命活动的全部角落。而世界整体和生命存在本身的本真性、实在性，已经失落了；故而南伯子綦引以为深深的悲叹："我悲人之自丧者，吾又悲夫悲人者，吾又悲夫悲人之悲者，其后而日远矣。"

又如列御寇至齐而感受到的："夫饔人特为食羹之货，无多余之赢，其为利也薄，其为权也轻，而犹若是，而况于万乘之主乎！"[2]（《庄子·列御寇》）令他惊异。而伯昏瞀人道破这种状况在于："非汝能使人保汝，而汝不能使人无保汝也，而焉用之感豫出异也！"[3]（《庄子·列御寇》）

---

[1] 陈鼓应：《庄子今注今译》，商务印书馆，2007，第745页。
[2] 陈鼓应：《庄子今注今译》，商务印书馆，2007，第953页。
[3] 陈鼓应：《庄子今注今译》，商务印书馆，2007，第954页。

人们的拥戴，并非个体主观的用功而实现的，在象征分类的意义上说，这是社会客观的分类导致的。个体不得不承受被分类，不得不接受随之到来的、或好或坏的对待。

这个寓言揭示了，人们在社会中处于什么样的位置、受到怎么样的对待，往往取决于人们让人承认、让人觉察并让人接受的"能力"，而这整个被人们接受或排斥的过程是在个体与社会成员之间的互动之中完成的。一方面，在这种互动之中，作伪的可能性是充分的——个体显露出来的可以让人辨析和让人肯定的面相，也许不需要是真实的，在作伪的情况下，人们也可以轻易获得好的结果。另一方面，对于并不想要进入这种强式的分类判断中、被社会分配程度不同地对待的人（如列御寇）而言，对自己的声名、对众人的青睐和亲近感到警戒的人，他们毫无办法。尽管他自身想要缺席官方分类，但处在社会世界中，这种分类的暴力、判断的暴力是无所不在的。流俗的普遍共识便是普遍的、必然的暴力。而在这种客观分类的普遍暴力中，人的本真性、实在性的品格和实践的本真都被贬为一文不值，因其一文不值，而变得稀缺乃至稀罕了。

象征思维为人们提供的认识事物、辨析事物意义的功能和效用越强大，则在实际的情景和事态中，人们对外界客观实在的贬低便越严重，客观实在越显为某种观念中的虚浮之在。

对于人们而言，象征思维已先在地将实在世界替换为观念中的不关注实在性质的虚浮之在，使用这种象征思维带来的直接结果便是：人们的注意力只能集中到这些客观上可分类的和符合规定的范畴中来，对于行为本身带给自己的存在感悟及对自己生活的真正影响，毫无关心，缺少关注。

"知士无思虑之变则不乐，辩士无谈说之序则不乐，察士无凌谇

之事则不乐，皆囿于物者也。……此皆顺比于岁，不易于物者也。驰
其形性，潜之万物，终身不反，悲夫！"[1]（《庄子·徐无鬼》）

最终呈现的生存状态便是一个虚浮之在，是"囿于物者"，是"不
易于物者"——即将自我认识全然牵系于外在的分类价值和范畴之上，
总是依据普遍共识辨析自我的生活，向外追求自我尊严和生命意义，
过一种意义外在的生活。这种生活和存在状态是一种生命自主意志空
无的状态，相当于生命意志自身毫无发挥作用的地方，人们仅仅依据
一种工具的理性，将生活中涌现的现象和事物，与既有的分类图式进
行比照和配对。在所有的心灵活动中，象征思维体系都在扮演着主角
作用，人们无意识地沦为外在既有的价值规定的役使和象征秩序的奴
隶。生命活动的内容、喜怒哀乐的全部对象，全都牵系于外在形式的
物事，如通过给定的象征的视角看世界，将奔涌而来的时空存在和现
象进行刻板的划分和意义的辨析，通过从众的方式决定生活的内容和
行动的决策，以"思虑之变""谈说之序""凌谇之事"为乐，或以
钱财、权势为乐；将自我认识、自我价值和自我规定弃诸脑后，认为
这是一种不必要的、逾矩的、不合群的行为和表现。乃至于"驰其形性，
潜之万物，终身不反，悲夫"，真是悲哀啊。

"故曰：绝圣弃知，而天下大治。""知"是认知的法度，"圣"
是绝对的价值图景，皆应解构去除之，故天下人能够解开实践和认知
的客观主观蔽翳，实现个体自由。深感于权力的运作深深控制了人们
的生命存在全部场域的庄子哲学，试图通过揭示和分析微观文化暴力
的普遍性呈现，总结其运行的规律，以启发人们意志的自觉，实现对
自身生活和命运的自主掌控，将自我的规定和意义的赋予内收，不再
依附于外在流俗的权力话语和普遍价值。

---

[1] 陈鼓应：《庄子今注今译》，商务印书馆，2007，第734页。

第二节 政治语言及其暴力

一、政治语言："君人者以己出经"

在传统的权力观中，权力囿于某种客观主义的宏观视野，人们对"权力"的关注集中在权力对社会的客观构成上，如国家、政府、制度等宏观政治层面，将权力等同于一种有关"统治权"或法权的权威。在传统的权力图式之中，国家通过唤起恐惧来运转，即是说，通过强制的制度安排、强制的行为规范和奖惩制度进行宰制。

在传统的宏观权力图式之中，权力容易被作为一种具有客观性、实体性的东西来观看，权力仿佛是一种可以互相争夺、分享、竞争的实在性存在，被集中在占据社会最优势地位的人群之中，即在社会层级金字塔之中占据最顶端位置的那群人或某个人手里。在这种权力图式中，权力作为一种具有实体性和客观性的筹码，社会成员被划分为两方面：第一是拥有权力、独占权力、肆意操纵权力的人，第二是缺少权力、服从权力、被权力肆意操纵的人，即是说，所有人都可以从构建判断、制定决策的过程中找到真正的大权在握者。

这种区分是一种贫乏的区分。这种贫乏反映在复杂的社会领域和具体的社会场景之中，二元的、单调的区分和尺度便失去了诠释的效用：这种划分不能为阶层、等级、性别、分工等方面的多元异质的权力不平等局面提供更多、更令人满意的诠释信息和诠释逻辑。在社会领域，权力的运作并非在一种事物朗现的视野之中，按照某种相当和谐与规律的秩序趋势，无数细节展露无遗地呈现，相反，权力的运作、发生作用的具体环节和实际策略往往隐于视野之外，在曲折幽微、私隐无声之中发生：譬如人们头脑中关于自己"如何表现得合情合理"的观念，有时是一种对其他类似社会场景或社会成员表现的"仿照"，将适用于某个具体场域之中的权力支配关系和恰当表现的逻辑运用到当下的场景之中来，即将历史的社会理解和阐释拓展到当下的情景中来，通过比照细节，对情景展开想象诠释，进行行动策略的思考；人们总是倾向于使用历史的生存经验教训和身体化习得的社会运作逻辑，进行　种在当前情景下合情合理的行动，避免触犯禁忌、律令或其他强制性的暴力，使自己在此场域之中尽可能安全和安好地存活下来，为自身的命运和前途谋取最大可能的利益。

在传统的权力结构持续运作之外，权力在微观层面上以一种符号暴力的形式，日夜不停地构成和运作。这种文化暴力在古往今来所有的实在生命和生命实践之中显现和活动，占据人们的头脑，深深影响着人们的思维活动和构建社会世界的活动。

在传统的权力图式之中，对于暴力的合法使用和管理权力牢牢收束在国家机器之中，收束在占有社会资源、占据绝对优势地位的宰制群体手中，通过律法、法规、行政等手段和环节维系经济分配体系和统治结构。事实上，这种与暴力直接相关的工作常常是实际的、实在的、务实的，即是说，暴力的发挥常常在用暴力或暴力威胁，如人身伤害、惩罚手段、苛刑等，直接地将具体的暴力执行显露于其能够合法地、绝对地伤害和夺取人身生命权力之上。

因此，当人们想到国家的运转、想到日常总是处于其中的场域，便直接地在脑海中浮现那种"犯罪"之后被暴力对待的情境，暴力是如此深刻地刻在人们的意识之中，而当人们想到其他与社会场域有关的事情时，总是会下意识地考虑到与暴力相关的元素、逻辑、特征等。这样一来，从事实上讲，国家机器及其与权力强烈相关的所为，将暴力及暴力的威胁引入到了那些原本与暴力无关的情境之中，将暴力及暴力的威胁引入到了那些原本暴力并不在场的情境中，并始终以一种想象性的形式在场，通过触发人们心灵中的敬畏情绪或某种强烈的信念形式在场。

这是一种暴力的泛化现象。人们极力倾向于将暴力与暴力威胁事件与其发生的时间、空间、场域、对象、社会关系、活动等要素相关联，试图构建某种具有效力的、可靠的逻辑关系和结论以供实践之中避开类似的危险境况。尽管在理性上达成具有相对效力的、可靠的有关暴力发生的论证并无可能，因为它实在是过于随机——持有合法暴力权力的人总是随心所欲地使用这种权力。但人们不得不强迫性地做着这种无限接近无用功的阐释性劳动。人们在自己的社会关系网络之中互相交流、互相总结"洞察"到的避险之道，人们在自己的小共同体之中彼此警惕和提醒。

就如《外物》中所言："德溢乎名，名溢乎暴，谋稽乎誸，知出乎争，柴生乎守，官事果乎众宜。"[1]社会形形色色的情况综合而言，并不复杂，"德""名"皆溢于"暴"，在社会世界中，崇尚声名、成事谋划、彼此争斗和总是基于共识进行群体的决策，在这种社会空间中并没有另外的可能语言、可能的分类系统和可能的生活方式，众人总是围绕着社会的客观划分打转，既通过这个社会划分的归并法则进行感知、分类和评价，也凭借这个构成法则产生可分类的实践。这种共识由于不从理性而来，而是从集体经验中来，故而随着经验的增加、体验的

---

[1]　陈鼓应：《庄子今注今译》，商务印书馆，2007，第 829 页。

增加，会不断地"自我繁殖""自我溢出"。

在《渔父》之中，人们需要彼此警惕和提醒的实践共识已经发展到了一个极其复杂幽微的境地，遍及人们生活实践和行为表现的方方面面："且人有八疵，事有四患，不可不察也。……八疵者，外以乱人，内以伤身，君子不友，明君不臣。……能去八疵，无行四患，而始可教已。"[1]（《庄子·渔父》）每一次人们目睹、耳闻、阅读或感知到社会之中发生的暴力事件，都再一次地重复推演事件关联的所有方面，铭记这种领会和"反思"，并讲述给在意的人，如父母、子女、朋友等。这个境况表现了暴力权力渗透进更多人的头脑中、生活中的过程。表面上，人们总是极其热衷于一厢情愿地"总结"和"自我训诫"，其本质是暴力一次一次地震慑其施虐对象之外的更多社会成员，将顽固又激烈的威慑、恐吓和可怖的心理阴影带入所有不持有暴力权力的社会成员的心灵和头脑之中。

从这个意义上讲，暴力的发生并不是一次性的，在某种程度上，它每一次被人们意识到、每一次在人们心中引起恐惧和震颤，暴力都再一次地发生，无穷无尽。人们对暴力有所见证，对暴力事件的记忆和经验（情感上的、感官上的、身体上的），是暴力发生威慑作用的材料。故而，暴力不断发生，暴力正在发生，暴力遍及所有的时间和空间、所有的政治历史和集体实践。这正是权力在微观上的运转，权力和暴力是一体两面的，因着暴力在人类实践历史中从来不缺席，权力在每一个个体的生命经验和生活实践之中，也从来不缺席。

关于暴力的泛化，从其发生的过程来看，我们稍加反思便可发现，这种泛化与一种心理上的想象活动、想象性认同相关联。

当人们目睹了一个人因为犯罪而遭受到直接的身体刑法伤害，比

---

[1]　陈鼓应：《庄子今注今译》，商务印书馆，2007，第938页。

如说一个人因为偷盗而被脸上黥了字，人们会直接关联到自己的生活，因为不想碰到这种被抓捕、审判、受刑的场景，不想碰到抓捕、审判、行刑的管理执行人员及相关的官吏，人们会提醒自己不要偷盗。

但现实之中，人们对暴力的理解并不是这样清晰明了、逻辑无误的。人们会发现，暴力的发生充满了随机性和偶然性，暴力不可预测、无法避免。庄子哲学数次揭示了这种阐释的困境，无他，在当时，人们面临的暴力状况是十分复杂、频繁又无可奈何的。这样一来，人们对总结暴力发生的机制和可能条件的期待就破产了。当人们无法总结出确切的、可操作的暴力发生的机制和可能条件时，便倾向于切割出整个暴力事件发生的元素，既然无法总结和抽象出某种机制和逻辑，那么整个事件发生的所有时空条件和社会条件，我都避开，使自己不暴露在类似的时空和场域中，那便可以尽量地保全自己了。故而可以看出，暴力的随机发生，对人们的心灵破坏是极致的，在一种无可奈何的心理之中，人们只能将自己的生活和行动与所有可能招致暴力、关联暴力、引起持有暴力方面注意的条件和情境都分隔开来，小心谨慎地顺从所有权力话语和权力指示。由于可能招致暴力、关联暴力、引起持有暴力方面注意的条件和情境，与人们的日常生活相交集的区间和领域实在是太多了，即暴力的发生实在是太过于神鬼莫测而深入社会生活的日常，人们事实上时时刻刻都生活在这种想象性的分辨、阐释和分隔的劳动之中。

《渔父》写道："孔子愀然而叹，再拜而起曰：丘再逐于鲁，削迹于卫，伐树于宋，围于陈蔡。丘不知所失，而离此四谤者何也？"[1]（《庄子·渔父》）孔子感到困惑，不知如何理解两次被逐出鲁国，在卫国被禁留而匿迹，在宋国遭受伐树的侮辱，被围困在陈蔡等。这些遭遇，

---

[1] 陈鼓应：《庄子今注今译》，商务印书馆，2007，第 944 页。

孔子认为也许是自己犯了一些没有注意到的过失，才遭到这么多的毁辱，故而想请教"客"。但在"客"看来，当孔子不断地去琢磨这些毁辱，将这些毁辱视为奇耻大辱不能释怀，才是真正地陷入一个大难之中啊——"人有畏影恶迹而去之走者，举足愈数而迹愈多，走愈疾而影不离身，自以为尚迟，疾走不休，绝力而死。"人们在社会生活中不断进行想象性的阐释劳动，消耗心力，实际上，人们只需抛弃这种执着，不按照世俗的、通行的权力话语去认识和思考生活，便能够从这种无边际的阐释性劳动之中解放出来。

人们需要考虑所有的生活、行动和判断是否会招致暴力、关联暴力、引起持有暴力方面的注意，在整个想象性的行动中显露出来的，就是暴力时时刻刻都悬在人们的头顶，时时刻刻都可能来临——这在多大的程度上是一种"杞人忧天"呢？至少这种想象中的生活，作为人们思想和判断的预想前提的想象图景，是与现实不同的：至少，人们并不会时刻面临来自宰制力量方面的死亡威胁，并不总是下一秒便成为被宰制力量玩弄、打击或者凌虐的对象。

二、政治语言暴力：民"小恐惴惴，大恐缦缦"

人们社会生活的构建和社会世界的活动，总是身处某种社会的权力支配关系中。这种权力的支配不像国家体制那样，按照律法和制度的形式固定下来，但同样地关涉社会资源的分配，关涉人们的生活整体和生命质量。

权力的微观支配的其中一个表现是，它总是与权力拥有者的性情偏好有关的权力运行。庄子哲学展现了多个话语权力的微观运行场景。

如，"昔赵文王喜剑，剑士夹门而客三千余人，日夜相击于前，死伤者岁百余人，好之不厌。如是三年，国衰，诸侯谋之"[1]（《庄子·说剑》）。在赵文王喜欢剑术的情况下，人们自然而然地会迎合他的喜好，尽管风险很大，但剑客仍然趋之若鹜，聚集在门下。

又如，"太子乃使人以千金奉庄子。庄子弗受。"原因是，庄子曰："闻太子所欲用周者，欲绝王之喜好也。使臣上说大王而逆王意，下不当太子，则身刑而死。"[2]（《庄子·说剑》）即是说，权力的层级是鲜明的，庄子不费劲地便能认知到这种境况是危险的，不能够冒着生命的风险去对抗更具有权力的赵王。

再如，"演门有亲死者，以善毁爵为官师，其党人毁而死者半"[3]（《庄子·外物》）。演门人善于哀伤毁容而封为官师，官师之名是奖赏，立马使得"善于哀伤毁容"变成了被认可的行为，迅速成为大家模仿的行为模式。"秦王有病召医。破痈溃痤者得车一乘，舐痔者得车五乘，所治愈下，得车愈多。子岂治其痔邪，何得车之多也？子行矣！"[4]（《庄子·列御寇》）这里尽管庄子讽刺得极为辛辣，看不得人们阿谀奉承的行为，但实际上，客观的情况是，君主的主观任意爱好能够被人们直接地感受到，无论是社会世界的权力运行，还是意义、利益的分配，对于人们而言都是极其敏感的，会直接地影响到人们的认知和行动。

这些场景中，宰制者的爱好决定了资源分配的情况，人们往往为了谋取利益而顺从其爱好；宰制者的嫌恶决定了人们活动绝对的"雷区"，一旦踩入禁忌，便会给自己招来杀身之祸——"君人者，以己出经式义度，人孰敢不听而化诸！"

人们根据和宰制者相处的经验及感受，根据不断记录和理解的权

---

[1] 陈鼓应：《庄子今注今译》，商务印书馆，2007，第 925 页。

[2] 陈鼓应：《庄子今注今译》，商务印书馆，2007，第 925 页。

[3] 陈鼓应：《庄子今注今译》，商务印书馆，2007，第 831 页。

[4] 陈鼓应：《庄子今注今译》，商务印书馆，2007，第 964 页。

力的运行过程、资源的分配情况、人们彼此的反应、关键的褒贬评价
等等，使一种阐释的图式逐渐清晰，并且这种图式为同样社会场域之
中有着同样社会经验的成员所共享。这样一来，一个具有场域内普遍
性的、有关社会现象的分类范畴图式便逐渐形成。

对人们而言，以君主的喜好为中心展开的这种权力的微观图式是
很容易生成和进行使用的。通常，人们根据宰制者做出资源分配的历
史表现，很自然地在心灵中生成了一个有关社会事物的阐释图式——
以宰制者的性情偏好为尺度的图式，以宰制者过往的历史为内容的图
式。围绕这个图式，人们能够轻易地判断当前的状况，决定行动的方
向和模式。并且，由于人们同处于一个社会空间之中，获得的信息是
同一的，于是人们得以生成一种具有共同性的阐释图式。人们互相之
间会是默契的，在关键的时刻能感受到自己与他人的关系是竞争的，
还是合作的。人们彼此能够凭借场内的细微变化和感觉，进行应机的
行动，在保全自己的情况下，争取更多的利益。

权力的微观运行不仅止于君主用自己的偏好任意地决定资源的分
配，在更多的场景和场域中，权力都在不断产生着微观的暴力，影响
着人们的生活。这些都映在人们的眼中，进入到人们的心灵之中，即
是说，给阐释图式不断地带来新的经验和新的分类范畴，人们对于社
会世界的理解图式不断丰富和多样。

在传统的权力图式之中，国家通过唤起恐惧来运转，即是说，通
过强制的制度安排、强制的行为规范和奖惩制度进行宰制。微观层面，
权力却并非如此地大张旗鼓。很显然，在大部分人的生活和历史之中，
一方面，国家强制暴力唤起的恐惧是间歇性的，人不会在每时每刻都
需要应对来自王侯、官吏或其他政权暴力的代言者，即是说，微观的
层面上，在大部分时间中，国家或其代表并不真的在场。另一方面，

国家也并没有去规范日常生活和个人实践场域中的每一个细枝末节。历史沿革的建筑规范、礼仪姿势规范、祭祀牺牲规范及其他日常规范等，尽管规定了每个个体进行选择的空间和尺度，但实际上并没有充分且严苛的限制——某种程度上，这些和个人的道德修养相关联，除此之外，没有更多的执行和监督力量。因此，在人们的日常生活中，不仅仅国家和政府并未进行强力的控制和规范，在更广泛的层面上，人们享有自己决定自己的日常生活的绝对自由，人们可以求取所有世俗价值、功名利禄，可以自主决定自己的社会身份，即做一个道德高尚的君子，还是奸诈狡猾、无往不利的小人——国家根本对此"无能为力"。

但显然，庄子发现人们并没有拥有自由的人生。宰制阶层的人、社会地位占据优势的人也有"阴阳之患"，也会心绪不宁，没有任何权力的平民更没有自由可言。并且相反，人们往往被社会符号暴力伤害至深。如，在社会舆论中，"有悖道德"这一判断就足以使人背上沉重的舆论枷锁；若是"畸人"，人们便会被一种贬斥讥讽的眼光所伤。即是说，不平等的权力结构通过操纵人们的认知图式和分类判断，将有利于统治者贯彻宰制意志的分类图式栽种到人们的社会日常生活之中，通过间接性的符号暴力实现了一种轻易而全方位的对人们的社会控制。[1]

"叶公子高将使于齐，问于仲尼，……仲尼曰：天下有大戒二：其一，命也；其一，义也。子之爱亲，命也，不可解于心；臣之事君，义也，无适而非君也，无所逃于天地之间，是之谓大戒。是以夫事其

---

[1] 在陈赟对庄子政治思想的讨论中，他认为，支配性的政治秩序往往以贬低人们的自然本性这样一种方式发展，在其极端形式中，自然本性被完全否定，然后通过体制化的名义，构建一个以政治为焦点的空间，将已经被否定的自然本性的人们组织到这个空间中，以实现对人的征用和动员。（陈赟：《〈庄子〉的无为思想与引导性政治》，《贵州大学学报(社会科学版)》2022年第5期，第15-24页。）

亲者，不择地而安之，孝之至也；夫事其君者，不择事而安之，忠之
盛也；自事其心者，哀乐不易施乎前，知其不可奈何而安之若命，德
之至也。……故法言曰：无迁令，无劝成。过度益也，迁令劝成殆事。
美成在久，恶成不及改，可不慎与！且夫乘物以游心，托不得已以养中，
至矣，何作为报也？莫若为致命，此其难者。"[1]（《庄子·人间世》）

　　在这个例子中，叶公子高面临的困境是一个由社会公共权力构建
的社会情境。他清楚各种充满危险的细节所在，这些都是他根据一般
的认识和判断的思想图式、分类图式得到的阐释想象。这种情景是一
种切切实实的暴力，并非隐喻，是一种实实在在的对生命存在的威胁
和侵犯——"事若不成，则必有人道之患；事若成，则必有阴阳之患。"
孔子对这种困境进行了阐释，将这种困境作为一种仿佛有点"愚蠢"
的解释：首先，这是一种"大戒"，即是说，是一种不可避免的、必
须去完成的社会任务。这显然是将权力的逼迫和强制的规定粉饰为一
种天经地义的、自然而然的东西。其次，孔子认为，"为人臣子者，
固有所不得已，行事之情而忘其身，何暇至于悦生而恶死"。将生死
这种至关重要的"大事"，在价值上都排在了尽到"为人臣子"的义
务之后了。随后，孔子就两国使者传话的具体细节进行了阐释，孔子
将其中的可能情况和尽量要避开的危险展开了想象："且以巧斗力者，
始乎阳，常卒乎阴，泰至则多奇巧；以礼饮酒者，始乎治，常卒乎乱，
泰至则多奇乐。凡事亦然。""过度，益也，迁令、劝成殆事。美成在久，
恶成不及改，可不慎与！"总而言之，还是要在一种持续的、高度的
对当下情境的理解和想象之中，随机应变，根据一种当下的判断进行
表现。但最终能不能完成这个任务平安归来，可就很难说了。

　　在这个段落中，二人始终只能顺从这种艰险的社会情境，根据普

[1]　陈鼓应：《庄子今注今译》，商务印书馆，2007，第 144-146 页。

遍性的社会共识想象可能的风险和应对的策略。关于"臣之事君，义也，无适而非君也，无所逃于天地之间，是之谓大戒"和"夫事其君者，不择事而安之，忠之盛也"的言说，表现得仿佛过于"愚蠢"——自愿地顺从于社会为自己安排的位置，屈服于自身所处的结构性安排，并且用权力结构的话语对自我进行想象阐释和宽慰。接下来，他们还要面对更多的类似处境，但每一次他们都需要绞尽脑汁说服自己这么做是有着非常高尚的意义的，并且每一次他们都要不断地思考和想象可能的困难，不断做着重复性的以众人的眼光看待事情的脑力活动，以备好万全之策保全自己。这一切都是因为人们担心一旦越轨，就将被视为某种反叛社会秩序和规则的叛逆者，挑战权力的人将需要直面暴力的威胁，文化权力的存在与强有力的统治暴力直接相关联——如果孔子和叶公子高直白地说出这种事情是一件令人害怕、对生命产生巨大威胁、无甚意义的事情，那么他们将遭到社会其他成员的敌视和来自国家的直接暴力。

可以看到，暴力是一种绝对的调节利器，无需任何多余的话语，无需沟通和达成共识的环节，便可产生广泛而深刻的社会影响。沟通和达成共识的环节，仅仅存在于一种双方地位和资源相对平等的情况下，而悬殊的、深刻的不平等是无需这个环节的。

进一步地，这种悬殊的、深刻的不平等，将产生一种不对等的想象或阐释结构，即是说，占据不利地位的人们需要站在占优势地位的社会群体的位置上来考虑和想象，需要考虑到这部分人会如何看待自己的做法和行动，需要考虑到各方面的社会关系和社会场景，考虑到一切可能产生简单粗暴身体伤害、话语伤害或其他形式暴力的可能性，也就是说，这类阐释性的劳动是必须的、不得不进行的——人们只能这么做。站在复杂的社会情境之中进行大量冗余的阐释性劳动，和始终一致的对社会公共权力的迎合和顺从，是人们对权力不平等情势反应的一体两面。当然，占据有利地位的统治阶层无需考虑，他们随心所欲。

"结构性暴力"这个词揭示了一种以间接形式运作的实际暴力。在社会整体政治将人们明确分类、层级分明的状况中，占社会优势地位的人们拥有更多的社会资源，拥有更多的话语权力，垄断了生产普遍性文化的特权；相对的，占劣势地位的人们拥有少量甚至并不拥有社会资源，他们被剥夺了接受教育的机会。二者相比，前者是更好的、更高级的、更智慧的、更优越的，而后者是更差的、更低劣的、更愚蠢的、更低贱的。追问整个不平等的结构是谁安排的并无意义，在现实的层面上，占有社会统治地位的人群享有和独揽实施暴力的权力，维系整个结构的力量即是这种实施暴力的权力，换句话说，源源不断的暴力威胁为整个结构与体制的维系提供着生生不息的支撑。在这种情况下，人们对于结构性社会秩序和规则的信念或信仰，实际上是对这种结构性暴力的适应：出于一种自我保护的目的，人们身体力行地习得了整个暴力结构运转的规则和制度，并在心理层面、认知层面进行接受和适应，而这种"信念"实际上便是指称的适应和处理庞大的暴力威胁而生成和增进的绝妙心理技巧。

在支持"君君、臣臣、父父、子子"等结构秩序的思想家看来，最终实现的社会秩序是那样的完美和吸引人：在整个社会中，一切都井井有条、条理分明，所有的实践和事件都不在预想和模范做法之外，如此合情合理而和谐万分。只是这种社会结构的控制力度之大，使得每一个社会成员都忘了自己是一个能动者，是一个具有自主精神和意志的生命存在，使得每个人都忘了正是自己创造了这种社会秩序。换句话说，在支持整体一贯社会秩序的社会之中，社会成员被允许和鼓励做正确的事情：即不断小心翼翼地揣摩权力会允许和鼓励我们做什么事情、做到何种程度、遵守何种规则和秩序，社会成员通过尽可能地进行阐释性劳动实现对社会价值的追逐，并在竞逐之中不惜头破血流以成为社会游戏的胜利者，但同时，社会成员对这种紧张刺激、满是暴力和血腥的游戏充满无言的恐惧，并没有作为"游戏人"的自在与享受，没有真正地作为平等地位玩家进行游戏的机会和资格。

庄子有言："上诚好知而无道，则天下大乱矣。……知诈渐毒颉滑坚白解垢同异之变多，则俗惑于辩矣。故天下每每大乱，罪在于好知。"[1]（《庄子·胠箧》）那人们能够如何？当人们意识到这个游戏是一个不得不参加的残酷游戏，意识到这个游戏的愚蠢之处和暴力特征，人们也许不能立即有所反应和作为，但需要更加深刻地思考这种游戏是如何缔造和运转的，为了获得真正的自由，不断摆脱现有的社会情境和阐释话语，摆脱认知和实践之中的社会公共的陈旧习惯和偏见的逻辑，这些都需要靠思考和思想的创造去完成。

第三节　集体意识及其暴力

一、集体意识："人卒未有不兴名就利者"

庄子哲学之中有着著名的"小大之辩"。"小大之辩"是庄子对人们理解世界的认知图式进行分析，对"小知"和"大知"之分别进

---

[1] 陈鼓应：《庄子今注今译》，商务印书馆，2007，第 310 页。

行辨析。尽管庄子在"小大之辩"之中，对于"小知"抱着一种消极的、批判的态度，但实际上庄子非常明确地将人们的精神结构揭示出来——庄子认为，人们往往只依靠一种"小见""小知""有限之知"来认识世界，来理解世界事物和自己的生活，并通过这种认识来构建生活和行动，赋予自己生活世界以意义和行动理由。[1]

在庄子哲学对"小大之辩"的具体的讨论中可以看到，人们使用一种常识、共识的眼光来认识世界和阐释世界，展开行动的预想和策略选择，这些"常识"和"共识"总是按照一种社会给定的方式进入人们的头脑中，超脱不出社会阐释的图式，用的分类范畴亦是普遍地为大众所使用的那一套。[2]

"吾甚慄之。……凡事若小若大，寡不道以懽成。事若不成，则必有人道之患；事若成，则必有阴阳之患。若成若不成而后无患者，唯有德者能之。"[3]（《庄子·人间世》）

因为出使一事放在常识认识之中来说，"不道"之事很少有能够成功的，且"不成则有人道之患""事成则有阴阳之患"，无论如何

---

[1]　"小大之辩"将主体的确证引向横向的自我与他者的关系，……限制在关系性的政治社会的框架之内。（陈赟：《〈庄子〉"小大之辩"的三种理解取向及其价值化机制》，《江苏社会科学》2019年第5期，第176-184、260页。）

[2]　"集体意识"是社会学中的一个概念，指社会或社会群体存在的共同信仰、价值观、规范和知识。它包含社会成员共同拥有的集体意识和理解，影响他们的行为、互动和社会凝聚力。集体意识的概念由法国社会学家爱弥尔·涂尔干（Émile Durkheim）提出，在理解社会如何维持秩序、建立社会纽带和传承文化传统方面发挥着关键作用。（爱弥尔·涂尔干：《宗教生活的基本形式》，渠东、汲喆译，商务印书馆，2011。）集体意识代表社会或社会群体成员之间存在的共同信仰、价值观、规范和知识，它包含特定文化或社区中的人们所共有的想法和理解。集体意识作为社会调节的一种形式发挥作用。它不仅影响个人如何看待和与外部世界建立联系，还影响他们内在的道德和伦理标准，塑造了他们对与错的判断。

[3]　陈鼓应：《庄子今注今译》，商务印书馆，2007，第145页。

是十分危险的，故而叶公子高"朝受命而夕饮冰"。而孔子的回答亦从一种普遍的世俗之知展开劝慰，以一种常人皆能够理解的常识出发构建回答：

"天下有大戒二：其一，命也；其一，义也。子之爱亲，命也，不可解于心；臣之事君，义也，无适而非君也，无所逃于天地之间，是之谓大戒。……知其不可奈何而安之若命，德之至也。"[1]（《庄子·人间世》）

通过将"义""忠""为人臣子者"的范畴放在阐释中，将"出使"之事与"事君""义"的德性、社会普遍的行为准则即"大戒"相关联，使得叶公子高得以获得出使行动的理由和意义，减少对此事的惧怕惊悚。

在"无用之大用"的寓言中，人们作出某物"无用""有用"的判断也常常基于一种常识的判断，是主体通过普遍通行的分类和阐释图式得到的结论，如"有用"之木是能够采作日常之用的树木："其拱把而上者，求狙猴之杙者斩之；三围四围，求高名之丽者斩之；七围八围，贵人富商之家求禅傍者斩之。"[2]（《庄子·人间世》）"无用"之木是对人们身体有影响、不可采用为木材的树木："仰而视其细枝，则拳曲而不可以为栋梁；俯而视其大根，则轴解而不可以为棺椁。"[3]（《庄子·人间世》）

在生死之观念中，人们总是好生恶死的："庄子妻死，惠子吊之，庄子则方箕踞鼓盆而歌。惠子曰：'与人居，长子、老、身死，不哭，亦足矣，又鼓盆而歌，不亦甚乎！'"[4]（《庄子·至乐》）面对亲人

---

[1]　陈鼓应：《庄子今注今译》，商务印书馆，2007，第 145 页。

[2]　陈鼓应：《庄子今注今译》，商务印书馆，2007，第 160 页。

[3]　陈鼓应：《庄子今注今译》，商务印书馆，2007，第 160 页。

[4]　陈鼓应：《庄子今注今译》，商务印书馆，2007，第 524 页。

的死亡，庄子"鼓盆而歌"，这种做法在惠子及其他世人看来是违逆
人情的，因为生命的逝去是不幸的。就像庄子看见路边的髑髅时，联
想到了髑髅可能的可怜事情：

"庄子之楚，见空髑髅……曰：夫子贪生失理，而为此乎？将子
有亡国之事，斧钺之诛，而为此乎？将子有不善之行，愧遗父母妻子
之丑，而为此乎？将子有冻馁之患，而为此乎？"[1]（《庄子·至乐》）

面对死亡，应像秦失凭吊老聃的寓言之中的人们，"有老者哭之，
如哭其子；少者哭之，如哭其母"[2]（《庄子·养生主》）。

在人们的行动策略选择之中，"名"和"利"是人们所偏好的："贵
富显严名利六者，勃志也。"[3]（《庄子·庚桑楚》））拥有这六种象
征形式的生活，是人们所喜好的，人们素来以这些为志向。"夫天下
之所尊者，富贵寿善也；所乐者，身安厚味美服好色音声也；所下者，
贫贱夭恶也；所苦者，身不得安逸，口不得厚味，形不得美服，目不
得好色，耳不得音声。"[4]（《庄子·至乐》）这些都是人们普遍喜欢
和厌恶的范畴和事象。

对于人们而言，更繁杂的仪式和花纹、更繁复的器物象征着一种
更好的生活、更高级的生活质量："为彘谋，曰不如食以糠糟而错之
牢筴之中，自为谋，则苟生有轩冕之尊，死得于豚楯之上、聚偻之中
则为之。"[5]（《庄子·达生》）对于彘而言，是没有任何意义、没有
获得任何其他的利益的，倒不如"食以糠糟而错之牢筴之中"。但是
放在自己的身上，便认为"则苟生有轩冕之尊，死得于豚楯之上、聚

1　陈鼓应：《庄子今注今译》，商务印书馆，2007，第 527 页。
2　陈鼓应：《庄子今注今译》，商务印书馆，2007，第 124 页。
3　陈鼓应：《庄子今注今译》，商务印书馆，2007，第 713 页。
4　陈鼓应：《庄子今注今译》，商务印书馆，2007，第 519 页。
5　陈鼓应：《庄子今注今译》，商务印书馆，2007，第 5 页。

偻之中则为之"，生和死按照一种象征秩序中的高级形式进行，是意义非凡且令人满足和愉快的。

这些是非是确定的，具有普遍性的，只要是在社会世界之中的成员，理所当然地共享着这一整套关于世界的观点和分类图式。这些观念和阐释是理所当然的，因为这联系着人们对秩序整体的阐释想象，这种观念的合理性及正当性依据是从日常普遍发生的相同判断之中，从权威的文字文献记录、"道"和"名"所构建的整体秩序想象之中获得的，有着普遍的"合情合理"的性质，有着普遍为社会成员所接受的真理性质。

"小知"的形成是社会性地构建的，是在头脑中预设的一种外在的、客观的、可复制的且必须落实到具体的实例的标准和逻辑秩序，它总是用一种单一性的话语来谈论世界。人们根据权威的、流行的社会文化产品提供的秩序想象和分类图式，对社会世界中的各种事物和现象进行认知和阐释，这一整套有关世界的观点实际上是被社会性地构建的，是被宰制性、权威性的话语给定的——在人们"被抛"到某个确定的历史时空时，便已经毫无选择地只能使用官方的、合法的话语对世界进行理解和阐释——这是被统治的特征之一。而对于宰制阶层而言，让所有的社会成员都能够按照自己所出的权威的秩序想象和分类范畴观念，对这个世界进行认知并赋予意义，完成社会文化意义上和精神结构上的一致性，是推行统治的要求和必要环节之一。

在历史的视角中，一代一代的人们不断记录下权力的偏好和嫌恶和资源分配的状况，一种具有公共性的分类阐释图式逐渐稳定下来。人们普遍地通过使用这个阐释图式，以理解世界和事物，理解和预测权力的偏好和嫌恶，避免自己盲目地进入到一种危险的状况中。历史的自我经验构建了人们自我的无意识的组成部分，历史上客观的事件细节难以觉察地被忽视和遗忘了，但结论，即权力的阐释图式和价值分类范畴却留在了人们的心灵中，于是，一种被社会成员所共享的、具有普遍性的阐释图式便形成了，即公共性的知识和观念，所谓的"共识"。

如，"丘里者,合十姓百名而以为风俗也,合异以为同,散同以为异"[1]（《庄子·则阳》）。又如，人们在头脑中形成了一套个人做事做人的总的看法："且人有八疵,事有四患,不可不察也。……八疵者,外以乱人,内以伤身,君子不友,明君不臣。……能去八疵,无行四患,而始可教已。"[2]（《庄子·渔父》）人们会按照这种看法去评价自己和他人，同时，人们自己也会意识到，自己正在被这一套分类范畴体系所评价着。"世俗之人,皆喜人之同乎己而恶人之异于己也。"[3]（《庄子·在宥》）世人想出人头地是再普遍不过的事情了，但同时也都想要别人和自己相同，想要自己和大众保持一致，因为大众的认同而感到心安。

共识的力量是强大的，甚至共识本身又化作一种客观的权力，对人们的实践和生活产生着巨大的影响，在无意识之中，人们就像害怕违背宰制者的意志那样，害怕违背共识；像对宰制者阿谀奉承那样，迫切地要迎合共识。如，"今且有人于此,以随侯之珠弹千仞之雀,世必笑之,是何也? 则其所用者重而所要者轻也"[4]（《庄子·让王》）。由于"世必笑之"，世人便深以为不能"以随侯之珠弹千仞之雀"。在谨记此实践原则的同时，世人也将"随侯之珠"与"千仞之雀"二者之轻重记入头脑，推而广之，这种以效率和功利为指向的共识，便

[1] 陈鼓应：《庄子今注今译》，商务印书馆，2007，第 794 页。
[2] 陈鼓应：《庄子今注今译》，商务印书馆，2007，第 938 页。
[3] 陈鼓应：《庄子今注今译》，商务印书馆，2007，第 338 页。
[4] 陈鼓应：《庄子今注今译》，商务印书馆，2007，第 864 页。

逐渐成为人们习以为常并信以为天经地义的分类尺度。

似乎按照社会性构建的价值图式进行活动，极易获得社会性的奖赏，这不是也是好事吗？但事实上，庄子指出："凡成美，恶器也。"[1]（《庄子·徐无鬼》）

人们所面对的文化暴力，是在社会世界中通行无阻的阐释图式和分类范畴，是共识和公共的符号系统，它们无处不在。[2] 个体面对这样一个权力结构错综复杂的社会世界，终日都需要打起精神来进行阐释性的劳动，收集信息，更新对世界的理解，并且在社会交往和社会实践中，时时绷着一根弦，领会周围的权力状况，不断地使用社会习惯的阐释图式进行分类认知。故而，在很多情况下，人们常常对共识和社会性的阐释图式进行一种强迫性的使用，人们被权力结构胁迫而不得不进行持续的想象性阐释。文化暴力的本质是一种权力话语模式，是普遍性的观念，是权力发生作用的固定的场域。[3]

共识显示出了便捷的特性，即是说，在社会共同体中生活和实践，使用共识的原则是高效的、便捷的。人们惯于运用共识，惯于将共识的认识图式和价值原则作为内在思维活动的认识图式和价值原则，甚至在思考未发生的潜意识领域、身体化的领域，共识早就占据了这些构成生命活动、构建社会世界活动的领域。但是，仍然需要看到，共识是外在于人的自身存在的。

---

[1]　陈鼓应：《庄子今注今译》，商务印书馆，2007，第 728 页。

[2]　福柯认为，话语预先以某种特定方式设定并引导了主体的立场，以及人们讨论的主题和方式，甚至决定了人们可以和想要讨论的内容。"不存在什么真实事物，存在的只是语言，我们所谈话的是语言，我们是在语言中谈论。"（刘北成：《福柯 思想肖像》，北京师范大学出版社，1995，第 92 页。）

[3]　"话语建构了我们的生活世界，是话语建构了我们对这个世界的理解和解释，同时也是话语建构了我们主体自身。"（周宪：《福柯话语理论批判》，《文艺理论研究》2013 年第 1 期，第 124 页。）

当一个人诞生在随机的时空中，遇到的是一个共识流行的社会世界，这意味着：人们不得不接受这种共识，不得不让共识观念扎根在自己的生命世界、思维活动、身体姿势和性情偏好中。不能拥有其他的观念，因为没有其他的可能的观念，再也没有比共识观念集合更加强势、更加具有真理性、更加天然合理的观念集合了。共识观念是一种人们处于被抛处境所无法选择的文化观念环境。

其次，共识无数次地"被证明"是正确的，但这种证明是一种自我的重复和循环，共识并不会超出自身之外，因为没有第二套更加有用、更加真的分类价值机制能够生成判断。共识已经取得了一种绝对的权威性和合法性。这种共识总是一种社会性的存在，自我内在的存在与这种存在是异质的。

最后，人们使用共识，接受共识的内化，是因为个体在人群中，需要证明自己是一个合格的社会性存在，是集体的一分子。身处一个社会的共同体之中，身处错综复杂的社会关系中，共识相对而言是一种客观上对他人进行理解、对他人的行动和心情进行预想和猜测的利器。个体不断地被这种预想和猜测所瞄准，为了避免被人们视为"不合群"或越轨的异端，人们不得不尽力地将自我朝着共识所要求或允许的样子靠近。

即是说，最终，共识的文化暴力使得人们内在性地成为社会结构的一部分，内在性地成为社会权力宰制者所期望的样子。庄子哲学从一种内在性的创造和发展的眼光看，这种个体彻底地被社会性构建的结果显然是不可接受的，这是一种软性的暴力——人们失去了按照自己的存在创造性进行生活和实践的自由和可能性。

同时，也应该看到，共识作为文化暴力，是一种软性的暴力，这显现在人们总是在一种结构性的暴力之中不得不进行大量的阐释性劳动，即使用共识进行阐释和想象的重复性活动。[1]

总的来说，共识的逻辑行得通，是因为它是一种无意识的对社会普遍文化的肯定和接纳，在人们拥有对共识进行客观认识的理性能力之前，便已经在使用共识，甚至成为共识的虔诚信徒了。认识到共识是一种误识之集合、一种被社会世界所构成的观念存在、一种普遍性的暴力话语，需要人们克服对共识的盲信，需要拥有怀疑的精神和勇气。而在此之前，共识始终作为一种必要的、原则性的、真理性的存在，准时出现在每一个观念、价值和意义判断、行动决策的生成的刹那，永不缺席每一个生命个体每一次进行构建世界的活动。

人们不能认识到共识对自己生命的伤害，不能认识到共识的本质，便会被共识的世界和共识自身带进一种异化的深渊之中。人们误认为共识是一种会给生命存在带来幸福和快乐的真理，误认为只要顺从和遵守共识，牢牢把握好社会对自己的定义，履行自己被规定好的职责，便可以高枕无忧，更幸运的话，可以获得俗世中的成功，获得人们所能想象和向往的最美好的生活。

二、从众效应：民"见利而忘其真"

庄子关注人们对社会事务及各类存在物进行分类的活动"辩"，同时也关注人们所使用的具有普遍性的范畴、所依据的想象性阐释图式。例如"小大之辩"和"有用无用之辩"便是通用的和流行的概念范畴，发挥着"别同异"和"明是非"的作用，在更广泛的层面上，还进行着"明

---

[1] "话语展现、加强、再生产着社会中的权力和支配关系，并使其合法化，或者对这种权力和支配关系进行质疑和颠覆。"（卢永欣：《语言维度的意识形态分析》，社会科学文献出版社，2013，第 123 页。）

善恶"及"别贵贱"的作用。庄子哲学对人们的"辩"的活动的基本认识是：人们对社会世界的认识总是受到经验的支配，是历史的产物。被人们视为天经地义的共识，往往是通过长时间的生活实践积累下来的集体历史经验和对社会客观结构的经验，因此这种共识的生产与所处的社会场域的规则和普遍的经验有关。

在庄子看来，人们的分类活动往往基于一种群体协调性和经验一致性的划分原则进行的，即是说，人们对社会事物的认知和分类，总是放在一种普遍被人接受的阐释图式之中进行思考和理解，同时，也总是根据集体性的、历史的实践经验对事物进行认识。人们所使用的分类阐释图式总是有着社会的起源，是社会世界中发生的客观经验和集体历史，作为一种主观的社会结构图式，进入了人们的精神之中，以一种自然而然的常识、共识或社会分类阐释图式的形式，成为人们对社会进行感知、对行动进行规划的知识机制[1]。

庄子哲学在"小大之辩"中讨论到了实践对于人们构造对社会世界的认识和阐释的重要性：

"适莽苍者，三飡而反，腹犹果然；适百里者，宿舂粮；适千里者，三月聚粮。之二虫又何知！……楚之南有冥灵者，以五百岁为春，五百岁为秋；上古有大椿者，以八千岁为春，八千岁为秋。"[2]（《庄子·逍遥游》）

即是说，实践的可能性有适莽苍、适百里、适千里等；对于鸟来说，

---

[1] 人类往往有一种趋势，即倾向于参与或信仰大多数人所参与或信仰的事物，这就是我们通常所说的"从众效应"。为了避免在社会中被孤立，社会个体往往会在不加思考的情况下选择与大多数人相同的选择，这就是诉诸群众的谬误和宣传的基础。"诉诸群众"是一种社会心理状态，也是一种宣传技巧，在逻辑学上也被视为一种谬误，通常被称为"从众"，这代表着人类对在社会中被孤立的恐惧，他们总是会倾向于靠近社会的大多数。（温带维：《正视困扰：哲学辅导的实践》，三联书店（香港）有限公司，2010。）

[2] 陈鼓应：《庄子今注今译》，商务印书馆，2007，第13-15页。

实践的可能性亦有蜩与学鸠之枪榆枋，也有如鹏之徙于南冥也，水击三千里，抟扶摇而上者九万里。只是当人们只有其中一个实践经验时，其所生成的社会认识是极为有限的，是局限于其实践经验的。就好像"春秋"分类，对于不同的主体而言，有着不同的感知图式，但根本地源于主体的实践感受——主体在实践中构建对社会世界的认识图式，人们对社会世界的认识很难超出其实践的尺度。

人们总是在实践中理解世界。人们认识世界的动机是为了在世界中生存，因此人们认识和理解世界的活动特征是主动的。因此，他人和集体对世界的认识，通过一种自然的方式直接地成为"我"对世界的认识；他人和集体对某种价值、事物或生活方式的偏好，也通过一种自然的方式直接地成为"我"对世界的认识。在主动的生存活动中，人们通过身体化的实践理解和观看，习得了世界的逻辑、次序和规则，习得了价值认识和排序的图式，这些关于客观世界和社会集体的知识以一种不甚清晰的、含混的方式存储在人们的意识中。人们总是从集体的历史经验和共识中认识世界，从集体中习得的共识又使人们总是生成一种符合集体共识的实践。

根据集体的实践经验来构造对社会世界的认识，意味着人们对世界的认识总是不能超出实践的范围，于是这里将会产生一种普遍性与特殊性的内在矛盾——人们往往将集体社会的经验作为一种普遍性的真理，但历史经验总有局限性，[1] 将具有特殊性、主观任意性的实践观念上升为某种普遍性的观念范畴，则必然会导致这种观念在一些具体的情境中失效。

---

[1] 如海德格尔所言："一切评价之事，即便是积极地评价，也是一种主观化。一切评价都不让存在者存在，而是评价行为只让存在者作为它的行为的对象。要证明价值的客观性的这种特别的努力并不知道它自己在做什么。"（马丁·海德格尔：《关于人道主义的书信》，载孙周兴选编《海德格尔选集》，上海三联书店，1996，第392页。）

　　"惠子谓庄子曰：魏王贻我大瓠之种，……吾为其无用而掊之。庄子曰：夫子固拙于用大矣。宋人有善为不龟手之药者，世世以洴澼絖为事。……能不龟手，一也；或以封，或不免于洴澼絖，则所用之异也。今子有五石之瓠，何不虑以为大樽而浮乎江湖，而忧其瓠落无所容？则夫子犹有蓬之心也夫！"[1]（《庄子·逍遥游》）

　　"能不龟手，一也；或以封，或不免于洴澼絖，则所用之异也。"药之"所用"，对此的社会认知在不同的社群中有着完全不同的区分和评价，这是因为不同空间中的人们有着全然不同的实践经验，就好像"宋人资章甫而适诸越，越人断发文身，无所用之"。不同地理空间的人们有着迥异的生活经验，创造的文化产品、阐释图式完全不同，故而不同的人，对于某物引起的认识与实践，以及为此实践提供意义的认识也可能完全不同。惠子认为大瓠无用，故而掊之，庄子则使用一种和惠子完全不同的分类系统，提出了一个极具个人浪漫特色的认识和评价："何不虑以为大樽而浮乎江湖？"寥寥几个语词蕴示出一幅在悠悠江湖上潇洒自在的景象，与惠子之"忧其瓠落无所容"，犹疑忧愁的画面构成了强烈的实践风格反差，令人心生惊叹。

　　《齐物论》中关于"正"范畴的讨论则是呈现了共识是如何失效的——人们总是根据自己实践的历史经验，来构造对世界的认识，并自以为是权威；而这种认识的短处是，人们常常会受到客观条件的限制，受到地理条件或身体化经验的限制："民湿寝则腰疾偏死，鳅然乎哉？木处则惴栗恂惧，猨猴然乎哉？三者孰知正处？民食刍豢，麋鹿食荐，蝍蛆甘带，鸱鸦耆鼠，四者孰知正味？"[2]（《庄子·齐物论》）人们对社会世界的认识总是从实践中获得的，此外，是非的分辨往往凭借

1　陈鼓应：《庄子今注今译》，商务印书馆，2007，第34页。
2　陈鼓应：《庄子今注今译》，商务印书馆，2007，第97页。

的是一种实践的感觉，一种在场的、主观的感觉，并没有客观的、理性的抉择过程，没有明晰的利益分析，仅仅是一种直觉的感知。若人们希望从经验和实践中得到的是关于事物自身的客观属性认识，人们往往要希望落空——因为人们只能积累一种实践的感觉，一种直觉性的感受，这种感受是主客体之间的关系经验。

人们身处集体之中，所视以为天经地义的有关社会世界的观念，实际上给人们加诸了一种来自符号的暴力、阐释的暴力，即是说，人们在实践中总是无意识地或不得不使用社会通行的、公共的知识机制，这些公共的知识机制使得人们总是按照公共的看法去看待世界，而非使用自己的内在看法去认识世界。这种软性的、被强迫的认识命运，使得人们总是预先地给定了一个世界，一个观念中的、秩序井然的世界。

作为社会权力话语机制一部分的社会分类图式，其自身似乎具有自然的绝对真理性质。但实际上，这些分类自身并没有自然而然的合法性，毋宁说，这种自然的合法性是作为权力阐释图式的属性，通过普遍的、绝大多数成员对这种权力阐释图式的使用，得到的所有分类才获得了自然而然的合法性。而权力阐释图式对阐释可能的垄断，对所有人的阐释力和想象力的垄断，正是通过权力和暴力实现的。来自公众的暴力颁布了权力阐释图式的自然而然的合法性。而庄子哲学则旨在唤醒人们心灵深处被遮蔽的自觉意识，使人们反思社会世界以自然而然方式呈现出来的公共权力关系，并反抗强力加于人们身上的诸种符号暴力。

第四节 天下人的整体生活状况：
"失其性命之情"

一、虚伪之实践："役人之役"

"为外刑者，金与木也；为内刑者，动与过也。宵人之离外刑者，金木讯之；离内刑者，阴阳食之。夫免乎外内之刑者，唯真人能之。"[1]（《庄子·列御寇》）

外在的价值，包括通过刑罚折辱显现的正确价值取向，不仅仅是驱动人们进行行动的理由和根据，也是作为某种价值和意义的分配图式，影响人们的内心情绪和判断，即是说，人们不得不为了平息内心的躁动和自责而流顺社会价值的潮流，遵照多数人的行为模式而行事。能够从这种强迫的价值和意义图式以及从众的暴力之中解脱出来的只有真人，这是因为对于真人而言，内心真实的价值感受才是真实的，其他的价值和意义图式都是一种"空"。

无论是"荣辱"、"财货"还是"名利"，都是外在的准绳，是客观的流俗的价值标准，是宰制力量通过权威推诸四海的共识分类图式，这种图式作为明确的价值标的和行动生成原则，构成人们有秩序感的生活和实践。

---

[1] 陈鼓应：《庄子今注今译》，商务印书馆，2007，第968页。

在现实之中，人们对于外在价值的奔逐实践，在社会资源匮乏及不平等的状况下，一方面逐渐人心离散，陷入彼此争斗和杀戮之中，与圣人理想中有秩序感的社会生活相去甚远；另一方面，这种生活对于个体而言也过于残酷，身体和心灵都在一种情意疏散、破败残损的状态中。

"荣辱立、财货聚"意指众人为了争逐荣辱和财货，使生命陷入困顿，而"今立人之所病，聚人之所争，穷困人之身使无休时，欲无至此，得乎"[1]（《庄子·则阳》）则表明：宰制者利用人们所惧怕的暴力形式，利用资源的不平等，将人们身心和生活困在一种艰难的挣扎之中。为政者有意"立人之所病，聚人之所争"，然古之君人者，"以得为在民，以失为在己；以正为在民，以枉为在己"[2]（《庄子·则阳》）。后来的为政者漠视生命和民之生存状态，而以操纵社会、推行统治和谋取利益为先。

人们彼此竞逐荣辱和财货，在一种被迫的、无选择的状况下，走入穷困的生活。因为为政者从政治上操纵了这一切："民知力竭，则以伪继之，日出多伪，士民安取不伪！夫力不足则伪，知不足则欺，财不足则盗。"[3]（《庄子·则阳》）人们所面临的生存困境被粉饰为一种普遍的、应当的生活，"不识"这种生活是为为政者所推动：宰制者一方面通过文化宣传隐匿统治真相，一方面设置极难实现和胜任的规范，并对无法实现理想状况和达到规范的人们加之以刑。通过诉诸苛刻行为规范和要求、残酷刑罚和荣华之言的粉饰，最终实现的是一种这样的政治生存困境：民知力竭，只能虚伪地应对，逃避惩罚。

---

[1] 陈鼓应：《庄子今注今译》，商务印书馆，2007，第 787 页。
[2] 陈鼓应：《庄子今注今译》，商务印书馆，2007，第 787 页。
[3] 陈鼓应：《庄子今注今译》，商务印书馆，2007，第 787 页。

对于这种不得不虚伪行事的困境，庄子认为，从实践的逻辑上讲，将这种虚伪的规范完全归诸人们的不真诚、不智慧、不道德或能力不足，是以果为因了——恰恰是由于宰制力量在政治理想设计和政治设置中的不切实际和滥用暴力，才导致了政治生活的混乱。作假、欺骗、盗窃、虚伪皆是源于为政者不切实际的妄图和粗暴苛刻的暴力。[1]

"夫力不足则伪，知不足则欺，财不足则盗"，即能力不足便作假，智慧不足便欺骗，财用不足便盗窃，这是庄子哲学作出的评述。在面临刑罚和折辱的情形下，行动的策略是以保全生命和身体为上，以躲避"罪""罚""诛"为要紧事，而这种行动的策略和逻辑指向的便是在现实政治之中进行"伪"的行动，即作假、欺骗和盗窃。

庄子的这种说法似乎在为个体的不合规矩、不守规则和不履义务进行诡辩或推卸责任，声称个人无需为作假、欺骗和盗窃负责。对于崇尚个人修养的儒家而言，这是不能接受的。在儒家看来，个人无论如何都不能表现出不道德的行为；即是说，在儒家的设想中，社会成员需要做到：一是无论何时何地都需要遵守道德要求，二是无论何时何地都要完成社会性的事务要求。如果不能完成社会性的必然事务要求，就要承担相应的后果；像庄子所言那样，人们弄虚作假，糊弄社会性的事务，是既不道德也不合理的行为。个人需要为作假、欺骗和盗窃负责，而不是以害怕失去生命或残损躯体作为借口。

在庄子哲学看来，儒家这种对于人们对社会事务的虚伪完成负有充分责任的认识是一种误识。在这种误识之中，颁布困难的社会性事

---

[1] 陈赟认为："如果统治者以己出经式义度，却以法度整齐天下而不顺从天下人的性命之情，……便会产生双重结果：其一，就被统治者而言，对统治的抵抗与逃离就成为天下人不得已的选择；其二，就统治者而言，以强制手段要求人们遵循此经式义度，便成为不得已的手段。"（陈赟：《庄子论政治失序的根源——〈应帝王〉"肩吾见狂接舆"章的哲学意蕴》，《周易研究》2022 年第 1 期，第 102-112 页。）

务的宰制力量隐身了。儒家是在不言说宰制力量所颁布的必然性事务之合理性和刑罚之暴力性的情况下，对人们的行为进行评价。若儒家在忽视宰制力量颁布的必然性要求是否合理和正当的情况下，将人们承担的社会性义务和道德义务视为天经地义，人们必然陷入一种极尽艰难的境况中。

首先面临的困境是，道德的创造性价值在进入资源分配机制时，难免被贬为工具性价值。"无行则不信，不信则不任，不任则不利。故观之名，计之利，而义真是也。"[1]（《庄子·盗跖》）当以名和利作为行动决策的方向和标准时，仁义便成为一种要紧的东西，言下之意是，仁义之价值不在于鼓舞人们创造一种有道德意义的生活，而在于能够更好地帮助人们取得名与利。

其次，在实际的分配之中，名与利的多少与其道德用功的多寡不相匹配，反而与矫辞伪辩相关。"无耻者富，多信者显。夫名利之大者，几在无耻而信。故观之名，计之利，而信真是也。"[2]（《庄子·盗跖》）从已获得名与利的成功实践来看，人们往往通过无耻的夸言、虚浮的辞辩来获得名与利。那么获得名与利，仅只需要通过言说来实现。

因此，在引入名与利作为鼓舞人们进行一种有道德的生活的奖赏时，结果是"言行之情悖战于胸中"[3]（《庄子·盗跖》），在道德认知和行动决策之间产生激烈的矛盾，陷入踌躇：一方面，满载名利的人自身道德低下，那么他们未必可贵，贫穷困顿的人自身品德高尚，那么他们受到尊敬，这表明人们评判贵贱的标准是关注道德品德的，这将有益于鼓舞人们进行谊德用功；另一方面，尽管不齿与一些道德

---

[1] 陈鼓应：《庄子今注今译》，商务印书馆，2007，第 906-907 页。

[2] 陈鼓应：《庄子今注今译》，商务印书馆，2007，第 907 页。

[3] 陈鼓应：《庄子今注今译》，商务印书馆，2007，第 907 页。

卑劣的人为伍，但面对权势上的威力，仍然服膺于他们，这表明在生存经验上，拥有权势和名利的人，拥有更多的权力，能聚集更多的信念力，驱使人们顺从和遵循他们的意志以行动。这即是说，人们心中将众人的道德用功之多寡与人格贵贱相联系，同时人们心中也将众人的权势名利之多寡与行动决策的信念和根据相联系，这造成了一个矛盾冲突：人们知道道德用功关联到人格的好与坏，但在行动上、生存上将更多地考虑权势兴盛和名利满载之人的意志；人们知道做一个好人是非常可贵的事情，但同时也知道不可违逆权势兴盛者的意志，尽管这意味着人们需要做一些虚伪之事，表现得不那么合乎道德。在道德用功和世俗功利之间，拥有更少资源、条件和实践空间的人们，更天然地选择服膺后者。

忧国者将人们的道德用功与社会伦理秩序相联系，将人们的不道德和不合规矩的行为与伦理秩序的崩溃相联系："子不为行，即将疏戚无伦，贵贱无义，长幼无序；五纪六位，将何以为别乎？"[1]（《庄子·盗跖》）如果不想过一种伦常失序、秩序崩溃的生活，人们需要自发地进行道德用功。从某种程度上说，这种说法是通过责难人们让贵贱伦常失序，让人们不得不将道德用功视为身为社会成员的天然义务。这种思路实际上是说：道德用功的奖赏是和谐的社会伦理秩序，是好的社会生活。然而，拥有更多资源、条件和实践空间的统治者阶层，他们自身往往并不在意社会伦理秩序："尧杀长子，舜流母弟，疏戚有伦乎？汤放桀，武王杀纣，贵贱有义乎？王季为适，周公杀兄，长幼有序乎？"尧杀长子，如果统治者阶层自己都行为混乱，不合规矩，不在乎伦常失序和秩序崩溃，但仍然能够获得名利、流芳千古，那么小民也就不在乎自己的不道德行为会使得伦常失序。因为从国家政治

---

[1]　陈鼓应：《庄子今注今译》，商务印书馆，2007，第907页。

伦理生活的层面上看，小民的道德用功比不上统治者的道德用功，那既然统治者不在乎自己的行为会导致社会秩序的崩溃，小民也不在乎自己的行为会对社会产生不好的影响，他们乐得在保全自身的情况下，尽量顺从自己的心意行事。

况且，道德用功也并不总与幸福和快乐相联系，并不保证个体生命有保养、身体健全："比干剖心，子胥抉眼，忠之祸也；……鲍子立干，申子不自理，廉之害也；孔子不见母，匡子不见父，义之失也。"[1]（《庄子·盗跖》）此上世之所传，道德用功是高尚的、美好的，道德价值之美可比浩然之气之磅礴，只是令人无可奈何的是，遵守道德律令、创造道德价值、坚持道德用功也并不能保证过上一种平静幸福的生活。当生命因道德而受到残损，人们也会沮丧和难过。

总之，将名与利和道德用功相关联，以引导人们过一种道德的生活，在道理上是模糊的，在逻辑上是不通的。"子正为名，我正为利。名利之实，不顺于理，不监于道。……小人殉财，君子殉名。其所以变其情，易其性，则异矣。"[2]（《庄子·盗跖》）只是可以肯定的是，从人们竞逐名利、追寻外在的价值形式的过程中，生命的本真和情意的流转都受到了残损，内在没有构建自主满足的价值和意义，则一切都毫不值得。

与其说是人们一方面逃避履行社会性义务，一方面又缺乏道德自觉，毋宁说是，一方面人们被赋予了视为理所应当的、超出能力的个体义务，一方面难以胜任义务有其客观的原因——颁布过分的、难以完成的义务和事务的宰制力量并没有正确认识和衡量个体的行动能力，而仅仅是从一个理想的状况出发、从宰制者的利益出发进行社会统治。

---

[1] 陈鼓应：《庄子今注今译》，商务印书馆，2007，第 908 页。

[2] 陈鼓应：《庄子今注今译》，商务印书馆，2007，第 908 页。

并且，儒家的这种误识对于人们的处境而言，更是雪上加霜：儒家的说法为宰制和社会控制提供了道德方面的说服力，相对应的，人们因未能完成社会事务而将受到的折辱会更加深一点——这又为人们虚以为事提供了"动力"，假使人们发现虚伪应付便能逃避这一切刑罚、折辱和灾祸，人们会不惜一切来保全自身。

换句话说，与其说是像儒家所认为的，人们自己选择了作假、欺骗和盗窃，不如说是宰制力量驱使人们不得不进行作假、欺骗和盗窃，如庄子所言，盗窃之行，于谁责而可乎？呼之欲出的答案是：君人者。

在文中，庄子很直白地把造成人们普遍生存艰难的根本原因揭示出来：君人者并不在乎民之生存。"古之君人者，以得为在民，以失为在己；以正为在民，以枉为在己；故一形有失其形者，退而自责。今则不然。"[1]（《庄子·则阳》）若人们陷入艰难的境况中，古之君人者陷入自责之中，而今之君人者则漠视之。"荣辱立，然后覩所病；货财聚，然后覩所争。今立人之所病，聚人之所争，穷困人之身使无休时，欲无至此，得乎！"[2]（《庄子·则阳》）

今之君人者通过操纵刑罚、荣辱和财货驱使人们完成社会必然性事务，强力推行按照某一设想构建的社会统治。人们的艰难、生命和身体的残损、不得不进行虚伪之事等等，皆是君人者所需要负责的。[3]

---

[1] 陈鼓应：《庄子今注今译》，商务印书馆，2007，第 787 页。

[2] 陈鼓应：《庄子今注今译》，商务印书馆，2007，第 787 页。

[3] 宣颖指出，"帝王一身之外，天下皆环而相之者。诗不云乎？民其尔瞻"；"人君一念之萌，天下伺为趋避。智巧纷纭，皆由是起"。（宣颖：《南华经解》，曹础基校点，广东人民出版社，2008，第 61 页。）

二、枯无之心灵："适人之适"

人们凭借他人认识自己，人们在集体之中辨认自己。在社会生活中生成的"我"的存在是一种社会性的存在，通过外在的属性，包括所归属群体的属性、性别属性、通过血缘而显示的属性等，完成对自己所占有的社会位置、所肩负的社会义务、所颁布的社会角色要求等的辨认，并将其内化为自我的身份认同。

社会权力话语体系所提供给主体的身份规定，首先，是一种具有必然性和普遍性的身份规定。这即是说，它对社会内部的所有成员通过血缘关系或者阶序关系进行分类，对不同类别的人们进行身份的命名和身份的规定。这种普遍性对于个体而言，是直面"被抛"境况的无可选择、无可奈何的体验。其次，这种身份规定显示出一种绝对的权力特征，即这种规定本身是一种客观的、牢固的，将所有主体都作为一种被分类的、被辨别的、被赋予规定的对象看待。人们不能够拒绝依据血缘关系的划分，成为自己父母的子女；人们不能够拒绝伦理关系的划分，不将自己的师长、友人、近邻作为需要尊重和友善对待的对象看待。这种规定带有了一种天然性，是理所当然的、权威的。这使得人们只能按照社会权力话语所提供的模板进行行为和表现。最后，这种身份规定对于人们而言，其内涵和具体的规定是含混的。社会权力话语体系提供的更多是一种范畴和概念，提供的是一种判断的尺度、一些实践的知识，而并不会为人们仔细地描摹某一身份人士是如何进行标准的日常生活的。毋宁说，社会权力话语体系只是指定了人们的身份，提供了人们的行为举止是否符合身份的评价系统。

作为无法拒绝履行身份责任的主体，在这样一个暴力威胁的境况底下，人们进行身份实践和话语的选择，是被周围人的期望所决定的。

这即是说，人们实际上是在一种实践的场景下，习得不同的自我身份的真正规定和内涵的。如当人们思考作为子女的身份时，先考虑到的是长辈对自己耳提面命的规训、自己父母对他们父母的行动表现等，其次考虑到的是周遭的社会空间中对不肖子孙的嘲讽和责难话语，而最重要的是会考虑到父母对自己的期望、要求和规定。当人们思考作为臣下的责任时，亦会考虑到君主的期待和规定，考虑到同事的表现和作为，考虑到历史记录之中的模范叙述，等等。周围人的一致偏好是一种客观结构所强加的极大强化的配置。考虑到他人期待自己实现自己的本质，作为子女的本质，作为臣下的本质，这种期望本身是一种无情的要求，人们无法违逆。

于是，实际上人们构建自我身份的材料，是源于他人对自身的一致偏好，源于社会世界对自己的生活方式的指定和分配，没有其他的可能性空间，没有其他的行动自由。而更糟糕的是，出于一种担心被群体拒绝或否定的危险前景，人们只能通过不断的、持续的想象性的劳动，不断地校准自己的身份规定，不断地被迫要符合不同社会定义的本质——这种本质也是人们通过想象构建的——事实上，人们对于社会世界的理解是通过社会权力话语构建的，人们对于自己在社会世界中所占位置和自己在其中应该占据多少位置的理解也是通过社会权力话语构建的，这些虚拟的构建和意义的想象是一种文化、话语、观念、范畴、形式等的委婉的、普遍的表达。人们很难实际地去辨认社会世界的真实、自我存在的真实和劳动的真实。

庄子在《徐无鬼》中叙述了这种存在的困境：

"徐无鬼因女商见魏武侯，……徐无鬼曰：尝语君，吾相狗也。……武侯大悦而笑。徐无鬼出，女商曰：先生独何以说吾君乎？吾所以说吾君者，横说之则以《诗》《书》《礼》《乐》，从说则以《金板六弢》……

徐无鬼曰：吾直告之吾相狗马耳。……曰：子不闻夫越之流人乎？去国数日，见其所知而喜；去国旬月，见所尝见于国中者喜；及期年也，见似人者而喜矣；不亦去人滋久，思人滋深乎？"[1]（《庄子·徐无鬼》）

在这个寓言之中，《诗》《书》《礼》《乐》《金板六弢》指的是社会世界中确定秩序和结构的认识工具，甚至是权力工具："奉事而大有功者不可为数"；却不能使武侯真正高兴——一段也许没什么特别意义的说笑却能逗乐武侯。"越之流人"的寓言则实在动人，说出了人的天性是喜好亲近又纯粹的人情的："去国数日，见其所知而喜；去国旬月，见所尝见于国中者喜；及期年也，见似人者而喜矣；不亦去人滋久，思人滋深乎？"离开故人越久，与亲近之人分隔时间越长，思念故人越深。徐无鬼"居山林，食芋栗，厌葱韭"，却不感到需要武侯的犒劳，反而认为武侯需要自己的犒劳——在这个寓言中，武侯不就是"去国""去人"甚久的"越之流人"吗？徐无鬼发表了一段"相狗马"之说，使得武侯"大悦而笑"，恰对应了徐无鬼之于武侯乃是能令他生起熟悉、亲近和愉悦心情的"故人"。

武侯代表着人们在社会空间中日复一日进行维护和再生产象征秩序的枯燥实践，已然"去国""去人"久矣。武侯所处的社会世界充斥着各种各样的历史给定的客观结构和文化分类系统，如《诗》《书》《礼》《乐》《金板六弢》等都是进行符号控制的象征工具大全；在这种给定的社会中，人们总是靠分类系统对社会世界进行感知、评价和生成意义，通过阶级利益和物质欲求来驱动实践。当武侯在这样一个文化暴力以普遍性文化的名义向社会世界强加一种符号暴力的场域中，他只觉得自身的真实的性命之情被遮蔽甚久，心灵与存在整体的真诚澄澈的交流丢失已久，人生仿佛置身在生命的荒野之中，毫无自

---

[1]　陈鼓应：《庄子今注今译》，商务印书馆，2007，第721页。

在和愉快——如《则阳》中，"旧国旧都，望之畅然；虽使丘陵草木之缗，入之者十九，犹之畅然。况见见闻闻者也，以十仞之台县众闲者也"。[1] 而当武侯与徐无鬼在一起时，徐无鬼作为一个隐居山林的隐士——隐喻他并不与世俗之众人持有一套共同的认识和分类系统，不在头脑中进行符号暴力的再生产——当他给一些与普遍文化的分类逻辑完全不同的话语，即"相狗马"之说，叙述一些与给定的严整形式秩序相抵触的、模糊的、偶然的、不确定的观照世界的方式时，武侯重新感受到了如"故国""故人""故音"般久违的亲近熟悉与轻松自在。

徐无鬼的"相狗马"之说，是通过戏谑的言语展示了一种在他的主观视角下呈现的事物各自独特的形态；对于武侯和读者而言，这番节奏和逻辑独特的叙说仿佛轻轻揭开了众人被社会强加的社会存在属性，而露出了人作为个体存在的本真性——当武侯和读者领会到个体能够自由地决定事物的意义与价值，能够将自我实践放置于历史和社会的先验性之前，便感受到了某种脱离被异化状态，走向历史的行动者的真实存在的可能性。徐无鬼之寓言，实在浪漫。

第五节　小结

在对《庄子》批判文化暴力现象的理解和阐释中，庄子通过各种寓言和隐喻向世人揭示，通过话语和微观形式运行的结构性暴力是破坏性巨大的，暴力和权威从根本上压抑了个体的自主意志、自由精神

---

[1]　陈鼓应：《庄子今注今译》，商务印书馆，2007，第 774 页。

和友善，褫夺了个体的想象力、创造力和超越性。但无奈的是，出于一种生命意志自我保存的原始冲动，在一种无法要求太多的现实之上，人们自行酝酿和创造了一种想象性的文化资源，构建了一系列的秩序话语，构建了一座看似坚固的、无坚不摧的想象性的日常生活。

徐无鬼还讲述了一个深刻的哲学智慧：

"爱民，害民之始也；为义偃兵，造兵之本也；君自此为之，则殆不成。凡成美，恶器也；君虽为仁义，几且伪哉！……修胸中之诚，以应天地之情而勿撄。夫民死已脱矣，君将恶乎用夫偃兵哉！"[1]（《庄子·徐无鬼》）

"凡成美，恶器也"与"是故非以其所好笼之而可得者，无有也"相通——象征利益和社会资本的交换分配并不完全是以一种初级的，即可见的、明言的形式存在，也以一种象征表象的逻辑存在着，通过个人的或集体的分类斗争，力求通过改变分类模式对社会的分类状况和结构进行改变。

世上之人将名利和道德价值都放诸首要考虑的地位，这是价值排序和价值真理的影响。给定的观念和分类图式，通过影响人们的决策和判断、提供给人们行动的根据，使得人们生成符合社会共识的、合情合理的行动。对于人们来说，每一个行动步骤，每一个思虑环节汇总，象征意义都是非常重要的，因为这事关行动能够被社会和集体中的其他成员划分为合情合理的行动，若是不能体现出可划分性、展现出模糊性和模棱两可性，则会因被归类为逾矩而不被大众所接受。

对于名利的渴望，实际上也是关乎人们对于名气和权势自身与生俱来的象征意义的渴望；换句话说，人们获得名利的同时，也拥有了相匹配的象征利益，获得相应的合法话语权力，获得更多的认同、拥

---

[1] 陈鼓应：《庄子今注今译》，商务印书馆，2007，第 728 页。

戴和崇敬，这些精神形式存在的、寄寓于心理活动之中的成就，亦是驱使人们竞逐名利的愿景所在。

大卫·格雷伯认为："结构性暴力结构创造了一边倒的想象性结构。处于最底层的人必须耗费大量想象力来尝试理解周遭的社会动态关系，包括必须想象顶层人的视角；而后者可以我行我素，对身边发生之事几乎不假思索。也就是说，无权者最终不仅承担了大部分维持社会运转的实际体力劳动，同时还承担了大部分的阐释性劳动。"[1]这种系统性不平等的状况是普遍的，例如，"（官僚系统）所管理的关系已然明确呈现出极端不平等的想象性结构，在背后保驾护航的是结构性暴力。故此，官僚制即使脱胎于良善的初衷，也还是会制造荒谬"。[2]

政治上诸多荒谬、不讲道理的现象，诸种结构和系统的直接形式的暴力，往往被人们以一种荒谬的形式、"成美之器"的形式赋予了最大程度的正当化阐释，人们努力用诗意的语言、戏剧的描述使得这种暴力事件显得浪漫或是不可思议，而非用一种现实的、常规的语言对其进行普通的描述。人们不能将这种暴力的泛滥作为一种普通和日常的程序或环节进行阐释，这会浇灭人们生活的意志和热情。但人们不能不言说隐藏在内心深处的彷徨和惶恐，这种有极大可能轮到自己遭受的巨大苦难，人们需要用一种轻松的、浪漫的、审美的话语进行叙述；尽管是以美化的形式来吐露这种恐惧，但实在地为人们开辟和构建了一种心理上的接近"熟悉感"或"宿命感"的空间，为人们在真正独自面对和承受这种结构性的暴力时提供喘息、心理消化和坚持生命意志的余地。

---

[1] 大卫·格雷伯：《规则的悖论：想象背后的技术、愚笨与权力诱惑》，倪谦谦译，中信出版集团，2023，第75页。

[2] 大卫·格雷伯：《规则的悖论：想象背后的技术、愚笨与权力诱惑》，倪谦谦译，中信出版集团，2023，第75页。

第四章

《庄子》的因应之策

《庄子》对文化暴力抱着解构和超越的态度，对消解社会文化暴力有深刻的见解。庄子对于权力与暴力展现了幽微而深刻的关注，人们头脑中的认知、阐释和思考活动，既深刻地被社会世界的文化塑造，又对这种"被塑造"毫无意识，不假思索地使用所有自然而然扎根于头脑之中的阐释话语。于是庄子对文化暴力现象的省思，最终指向了对名言系统和礼教政治的解构。在《天下》篇中，庄子评析百家思潮，解构社会政治与文化的共构关系。在庄子摒弃名教之后的理想之境中，个体生命恢复到一种与天地自然相和、纯朴自由的状态。庄子蕴示了"无名之道"，在这种理念中，个体通过显发"物物而不物于物"的感受性身体经验，得以从必然性是非认识的束缚中得到"悬解"，也不再需要依赖语言范畴的形式。如此，庄子认为个体在一种消解了文化暴力的社会生活中，达到"体尽无穷，而游无朕"的逍遥境界。本研究从庄子对人性的理解、政治的想象和实践的观念这三个方面，领会庄子所追求和显耀的自由理想；这一理想不仅为个体提供了自由的空间，也为人类文明的创造活动提供了超越传统、解除束缚的可能性。

第一节　消解文化暴力：
"去功与名而还与众人"

一、解构名教："应天地之情而勿撄"

在《庄子》中，有数个"问道"寓言。本研究关注到，对"道"

感兴趣的人群总是君人者，是统治者，而他们感兴趣之"道"总是君人之道。"道"在问道者的语境中，往往指的是：社会政治的治理和社会历史的运行、实现社会政治的机制和路线等等。求道者对于"道"和"知"的兴趣，更多的是侧重在社会治理的方式方法和政治历史的本质和规律等方面，如"教""圣人""德""仁""义""礼"等；同时也涉及建构社会文化的方面，如如何构建政治文明、构建怎样的思想价值体系以教化人民、君人者该如何表现等等。

"天根游于殷阳，至蓼水之上，适遭无名人而问焉，曰：请问为天下。无名人曰：去！汝鄙人也，何问之不豫也？予方将与造物者为人，厌则又乘夫莽眇之鸟，以出六极之外，而游无何有之乡，以处圹埌之野。汝又何帛以治天下感予之心为？"[1]（《庄子·应帝王》）

"请问为天下。小童曰：夫为天下者，亦若此而已矣，又奚事焉！予少而自游于六合之内，……夫为天下亦若此而已。予又奚事焉！……黄帝又问。小童曰：夫为天下者，亦奚以异乎牧马者哉！亦去其害马者而已矣！"[2]（《庄子·徐无鬼》）

"云将曰：朕愿有问也。……鸿蒙拊脾雀跃掉头曰：吾弗知，吾弗知！云将不得问。又三年，……愿闻于鸿蒙。鸿蒙曰：浮游，不知所求，猖狂，不知所往，游者鞅掌，以观无妄。朕又何知！……万物云云，各复其根，各复其根而不知；浑浑沌沌，终身不离。若彼知之，乃是离之。无问其名，无阒其情，物故自生。"[3]（《庄子·在宥》）

这些"王者""君人者"所寻求的"道"，依然是期待通过文化暴力来实现一种广泛而深刻的统治，就好似先前的圣人的"圣知之法"、

---

[1] 陈鼓应：《庄子今注今译》，商务印书馆，2007，第 251 页。

[2] 陈鼓应：《庄子今注今译》，商务印书馆，2007，第 731-732 页。

[3] 陈鼓应：《庄子今注今译》，商务印书馆，2007，第 333-334 页。

仁义道德之治，除了颁布行为规范和相应的奖惩机制，还将一种简单化的分类图式通过简化的语言灌输进人们的头脑中。通过各种潜移默化的宣传暗示，在人们的头脑中构建一个被视为理所当然的社会秩序和实践逻辑，实现一种被模塑的主体存在——有利于结构的自我复制、自我再生产的——自发地"成其所是"的人，即一种无意识的与统治者成为同谋的被统治者——社会的成员自发维护社会差序秩序，自发进行迎合统治者期望的构建社会世界的实践。

"黄帝立为天子十九年，令行天下，闻广成子在于空同之上，故往见之，曰：我闻吾子达于至道，敢问至道之精。吾欲取天地之精，以佐五谷，以养民人。吾又欲官阴阳，以遂群生。为之奈何？"[1]（《庄子·在宥》）

黄帝想要用自然秩序为符号统治秩序提供终极性的依据，即用本体论上的本源、天地之至道，作为在社会政治领域推广和加强符号统治秩序的哲学图式，以彰显这种秩序自身的合法性、自然性，为实施暴力秩序提供强力正当性。黄帝的"问道"本质上便是通过诉诸神圣价值、灌输社会成员对象征秩序的信念信仰，将构建的价值和象征秩序以一种天地秩序的绝对合法性和天然正当性植入全体社会成员的头脑之中。

对于黄帝这种对符号名言迷醉不已的"治"的思想倾向，庄子始终是旗帜鲜明地反对的。如《天地》中，"治，乱之率也，北面之祸也，南面之贼也"。[2]象征暴力的宰制者，致力于通过制造体制来支配实践，通过语词将体制强加于社会世界；将从某一个社会群体的利益出发而构建的、本质是任意专断的符号真理，作为一种真理推广为普遍认同

---

[1]　陈鼓应：《庄子今注今译》，商务印书馆，2007，第 328 页。
[2]　陈鼓应：《庄子今注今译》，商务印书馆，2007，第 356 页。

的共识，并左右当下人们的思维方式，通过某种方式操纵世界而谋利。这种统治始终是庄子欲批判和消解的。在一个关于"机心"的寓言中，庄子直接地表达了对于这种滥用象征暴力的政治思想的反对：

　　"为圃者忿然作色而笑曰：吾闻之吾师，有机械者必有机事，有机事者必有机心。机心存于胸中，则纯白不备，纯白不备，则神生不定。……子非夫博学以拟圣，于于以盖众，独弦哀歌以卖名声于天下者乎？汝方将忘汝神气，堕汝形骸，而庶几乎！汝身之不能治，而何暇治天下乎？子往矣，无乏吾事！"[1]（《庄子·天地》）

　　有机巧一类的机械，包括象征工具、政治话语、规范等进行实践支配的社会资本，必定生成机巧的事，即社会交往、社会构建的实践、谈论与文化生存等；有机巧的事必定有机心，即社会行动者的头脑中被无意识地构建了一套感知、认识和实践的工具话语，无意识地想要与社会空间保持一致的意向。如此，在被系统性地构建的社会空间之中，人们凭借一种一致的"机心"，一种非本有的、非源自心灵的意气行事，彼此都以这套机械作为中介工具进行交流和实践。从机械整体作用的宏观角度看，人们只需要小小施力，拨弄开关，机械的千钧作用力便不吝啬地施加在每一处受力点上；然而从机械作用的微观角度上，从受力一方的角度看，这种机械的暴力是可怖的——兜头砸来令人难以承受，同时又是不可战胜的、无可逃避的——只能通过投入机械的运作，化解和卸开这种暴力；至此，在顺从之中，这套机械自身完成了一套重复，即自我生产。在每一个环节中，系统之中的人，往往被社会之中的机械，即各种社会象征工具所支配，这意味着搁置一切有具体独特性的状况，意味着普遍性的暴力——按照机械系统运行的原则行事，这个直接而迫切的要求操纵和限制了行动者。在庄子哲学看来，天下

---

[1] 陈鼓应：《庄子今注今译》，商务印书馆，2007，第371-372页。

愈加多的社会建构与治理，却反而离"大治"的图景越来越远，因为进行社会的控制性和限制性构建总是多余的、惊扰损害人民性命之情的，如继续按照这种方式进行，则世界不可避免地会愈加崩坏。

"问道"寓言中的"问道者""君人者"，对治理天下之"道"的认识，总是趋于要求一种一贯的政治秩序想象、一套贯通天地和人道的秩序想象，在他们的观念之中，存在这样一种有关"道"的知识：一种具有系统性、原则性和规律性的社会政治之知，具有客观性和永恒性的、可作为工具性真理使用的知识；君人者能够通过对"道"之知识的了解和上手，以一种不费力的、高效而平和的方式，实现稳定的社会统治和社会秩序，实现社会政治终极理想，即天下治。

庄子"问道"寓言实际上隐喻了战国时期的各家对于政治的看法，诸子的思想大体都在通过一致的、系统的文化构建以实现社会控制的框架中，即是说，各家谋求的仍然是与周公制礼同出一辙之"道"：诉诸客观划分和价值观念秩序的制造，对人们的分类和行动根据造成影响，从而实现人人生成一致性的、协调性的合情合理的行动。

这种"道"之知的观念认识，源于一种本质主义的认识论根据。这即是说，认为天地之间的所有事物，包括历史的发展和社会的运行都有其本质和规律，通过认识这种本质和规律，人们能够更好地进行行动和生活。

更详细地说，问道者想要获得的"道"的知识，是一个完整可行的社会实践方案，而这种实践方案不仅仅是一个系统性的、有效的，还需要是一个符合"道"的实践方案，即从对社会历史的本质和规律认识出发而构想出的社会实践方案。"道"在此，同时也充当一种终极的价值依据，为这种治理和实践方案及其所涉及的包括决策、行动、评价、行动者在内的所有方面，提供一种如天地运行般天经地义而无有瑕疵的绝对正当性，及如蓬勃万物般向来生生不息而大美谐和的绝对历史根据和价值保证。换句话说，"道"是一个正当性和必然性的理念自身，是集整体历史的本质认识、永恒的完满的美和宇宙谐和运行之理等为一体的"善"的理念。

问道者所持有的对"道"的认识和观念，对天地社会的运行之规律和将其上手于施政治理之上的执着看法，与流俗的对"道"的认识相关。在先秦时期，诸子提出的诸多社会设计和治理方案，往往诉诸对"道"的体认和观察来完成对政治伦理理念的合理性和正当性论证；即是说，"道"的观念从"天道"的观念来，人们对"天道"有着历史悠久的信念，借助对"道"的言说来增加学说的说服力、增加思想中的真理性质；另一方面，从思想史的角度来看，对"道"的普遍的言说使得其成为时代的普遍共识，"道"逐渐获得了理念上的绝佳的说服力，并顺理成章地成为终极的价值根据和理性根据。另一方面，需要关注到，潜藏在所有的问道者对于问道的执着下面，社会普遍的对圣人之言的迷恋——从超凡脱俗者口中说出来的话语，是绝对的真理；这不仅仅意味着圣人以自身的魅力、口碑和功绩提供着最令人信服的真理，也意味着人们对语言的着迷——从先秦时代对"名"蔚为大观的发挥和创造，可管中窥豹"名"在社会政治中的巨大作用。"名"涵盖了对物的定义、规范性的社会伦理等，真理性的语言拥有着超凡的说服力，引致众人的争相崇拜。

因而君人者对问道的执着，实际上期待通过语言的确定性将整体社会的运行规律和治理方案确定下来，而后能够将"道"推行于世，将"圣人之言"与"圣人之教"推行于世。语言作为形式载体、圣人作为正当性来源、道作为终极的价值根据，三者共同构成君人者对"问道"的热情和执着。

　　从历史上看，普遍的对以"道"治天下的信念、君人者"问道"的动机和诸子积极"答道"的行动，三者内在的关系是统一的，有其现实的基础：士大夫阶层崛起和壮大，争取更多的资源和分配的额度，争取更多的政治上的合法权力——这是所有的宰制者和求道者所面临的客观情况。即是说，宰制者求道的原因，是宰制者们意识到了，老一套的、现有的合法话语体系和象征体系已经逐渐失去了应有的控制力和权威性质，随着话语逐渐被淘汰或显得过时，权威话语正在逐渐失去说服力；对于宰制者来说，依靠名利和荣辱等设置已经不能再将社会成员的行动维持在一个稳定的水平上。宰制者们希求一个新的、更加适合当下状况的真理话语体系和象征体系，希望能够重新聚拢人心，推行一套更具权威性、正当性和真理意义的分类话语，将政治生活从龙争虎斗的混乱场面逐渐稳定至长治久安的状况。

　　从社会体制运作的层面看，权力的斗争总是与话语和阐释的斗争相关联。人们观念生产的自主性是相对的，说到底总是依附于权力场，总是按照或明或暗的暴力胁迫指定的方向进行。人们将这些得到的认知，接收为自然的差异或合法的差异，使得具有客观性的等级差异成为自然而然的事情。而当某种统治性的语言向整个社会颁布合法的规则，便形成了国家体制的统治，人们会持续地按照这种权威话语和权威分类生产差异系统，持续地再生产社会客观的分类。故而，诸子争相辩论是非，证明自己学说之真理性，是"道"之知，本质上是试图通过垄断分类阐释，将符合其利益的客观划分和分类图式置入人们的头脑中，成为社会成员的思想配置，通过左右人们的思维而谋利。

　　在"问道"寓言中，被问及对天下治理之道、社会运行之道之看法的角色，"答道者"作出的应对和回答，往往是无可奉告，没什么可回答的，没什么可言说的。

"无名人曰：去！汝鄙人也，何问之不豫也？……汝又何帛以治天下感予之心为？无名人曰：汝游心于淡，合气于漠，顺物自然而无容私焉，而天下治矣。"[1]（《庄子·应帝王》）

"小童曰：夫为天下者，亦若此而已矣，又奚事焉！……夫为天下亦若此而已。予又奚事焉！……夫为天下者，亦奚以异乎牧马者哉！亦去其害马者而已矣！"[2]（《庄子·徐无鬼》）

"鸿蒙拊脾爵跃掉头曰：吾弗知，吾弗知！……鸿蒙曰：浮游，不知所求，猖狂，不知所往，游者鞅掌，以观无妄。朕又何知！"[3]（《庄子·在宥》）

可知，庄子笔下的角色对回答"道"这件事的兴趣寥寥，甚为冷漠。这种态度和庄子自身对构建政治秩序，通过文化进行社会控制等思想持一种隔离、冷漠的态度相关。在庄子看来，求道者所求之道，其本质是更换给定的权威真理的内容，而非更换治理之方式本身。

存在主义认为，语言是历史性的。海德格尔认为，"语言的本质存在于它作为世界构形力量出现的地方，即它首先预先对存在者的存在进行构形并将它们带入构造的地方"。[4]从根本上讲，给定一个真理性的观念体系，使给定的世界高于我的世界，这种通过象征秩序来组织和塑造现实秩序的政治思想，将观念世界与实在世界相混淆的做法，才是导致政治混乱、人们生活困苦的原因。

《庄子》一书一再表达"道不可言"的观念，实际上是将自己的哲学与其他持社会控制思想的学说相分开，保持一种与以"道"控制

---

[1] 陈鼓应：《庄子今注今译》，商务印书馆，2007，第251页。
[2] 陈鼓应：《庄子今注今译》，商务印书馆，2007，第731-732页。
[3] 陈鼓应：《庄子今注今译》，商务印书馆，2007，第333-334页。
[4] Martin Heidegger, *Logik als die Frage nach dem Wesen der Sprache, Gesamtausgabe, Bd 38.*, hrsg. Gunter Seubold (Frankfurt am Main: Vittorio Klostermann, 1998), pp. 168-170.

社会秩序运行的思想毫不相干、泾渭分明的立场。即是说，庄子对"道"总是以一种回避式的、否定性的、审美的言说，实是为了抹去任何私己话语成为社会合法和权威话语的可能性，拒斥将自身的真理上升至普遍性真理。在庄子看来，普遍真理和普遍文化等，其存在根据是一种幻想和信念，自身并没有任何可凌驾于其他认识和观念之上的合法性和正当性。人们对普遍性这个特质所持有的幻想和信念越浓烈、越深厚，则"普遍"本身和普遍文化本身越显现为一种形式上的暴力，显现为一种拒斥其他意见、其他可能的排他性和遮蔽性。

庄子对政治的想象和看法，总是站在一个摒弃和否定给定的象征秩序的立场，要求消解某个秩序想象或观念世界先于"我的世界"的象征暴力。庄子这种消解分类和象征秩序的思想在《天下》篇中能捕捉到一些影子——尽管与庄子自身更彻底的取消政治的倾向相比，《天下》篇更为保守，但总体而言，《天下》篇在取消强式限制和分类、提醒分类图式对人的异化倾向这点上，和庄子哲学的风格是一致的。[1]

在《天下》篇中，庄子后学从道家的思想风格出发，对战国时期的思想争鸣作了梳理，以无为之"道"的看法为基础，为各家思想作了简要的评论。从中可窥《天下》篇对战国时期反对严苛刑罚、因循"天道"施"无为"之治的政治思想抱有深刻的同情和理解。

按照《天下》篇的看法，世界应该按照一种"道"的方式运行，"以仁为恩，以义为理，以礼为行，……以法为分，以名为表，以参为验，

---

[1] 宣颖认为，《天下》篇对惠子之外的五家之学的讨论，是为了"推末流之失"，以与"溯古道之渊源"构成对照，从而引申出庄子以其学"接古学真派"的醉翁之意。（宣颖：《南华经解》，曹础基校点，广东人民出版社，2008，第197页。）王夫之则认为，"乃自墨至老，褒贬各殊，而以己说缀于其后，则亦表其独见独闻之真，为群言之归墟"，"若其首引先圣六经之教，以为大备之统宗，则尤不昧本原，使人莫得而撄焉。"（王夫之：《庄子解》，载《船山全书：第13册》，岳麓书社，2011，第462页。）

以稽为决，其数一二三四是也，百官以此相齿，以事为常"[1]（《庄子·天下》）。社会运行依靠一套制度化的政治运行结构和系统的政治事务的处理原则进行，展现了层级分明、序列清晰的统治阶级秩序——圣人、君子和百官、民。个体在群体中序列清晰，统治的主体和客体的划分也是明确的。同时，"其明而在数度者，旧法世传之史尚多有之。其在于《诗》《书》《礼》《乐》者，邹鲁之士搢绅先生多能明之"[2]（《庄子·天下》）。赞同以文献记录的形式完成政治话语的客观化，以正式的语言将社会运行的准则和处理社会事务的原则付诸客观的记录；强调对历史实践的记录，强调整体政治的表象秩序通于天地秩序。

在《天下》篇的视角之中，天下之乱是与是非之乱相关联的："天下大乱，贤圣不明，道德不一，天下多得一察焉以自好。……虽然，不该不徧，一曲之士也。"[3]（《庄子·天下》）即认为制度和章法只有作为整体时，其运行才是符合万物的常理的；道德崩溃的原因是不维护整体法度的运行，反而执于某一端，于是社会世界失去平衡。百家各有各的道理，但单从某一角度或层次出发对社会世界进行理解，是无法恢复以往那种淳朴、无滞状况的。其思路如《则阳》篇中，"古之君人者，以得为在民，以失为在己……民知力竭，则以伪继之，日出多伪，士民安取不伪！夫力不足则伪，知不足则欺，财不足则盗"[4]（《庄子·则阳》）。又如《徐无鬼》篇中，"爱利出乎仁义，捐仁义者寡，利仁义者众。夫仁义之行，唯且无诚，且假乎禽贪者器。是以一人之断制利天下，譬之犹一瞬也"[5]（《庄子·徐无鬼》）。

---

1 陈鼓应：《庄子今注今译》，商务印书馆，2007，第 983 页。
2 陈鼓应：《庄子今注今译》，商务印书馆，2007，第 983 页。
3 陈鼓应：《庄子今注今译》，商务印书馆，2007，第 984 页。
4 陈鼓应：《庄子今注今译》，商务印书馆，2007，第 787 页。
5 陈鼓应：《庄子今注今译》，商务印书馆，2007，第 754 页。

　　按照《天下》篇的看法，人们的审美分类和价值偏好为"君人者"所乱，导致世人为了追求"君人者"制造出来的"成美"之器即"仁义"，乃至虚伪地为了谋取利益互相争斗。在《天下》篇的想象中，若是"君人者"不再以"仁义"为真知，不再将"仁义"作为"美"，取消"仁义"的符号名言，则能够恢复"道"在人间的和谐运行。

　　综合而言，《天下》篇对于世界整体的政治想象重点放在了"道"上，认为天下是非皆需以"道"明之，恢复"道"公正、完备的分类秩序，摒除人为造作、功利追求的因素，将整个社会向"道"的广泛而无滞的运行敞开，故而可以实现上古道德之治。无论如何，《天下》篇中所向往的质朴的道德之世是不可能恢复了——实际上，随着生产的发展，阶级出现了新状况，新的是非、新的话语正在激烈地争夺上风，这些话语往往对现有法度和话语进行一些保留或改造，便产生了执其一端的效果。另一方面，隐藏在诸子话语之中的客观的社会划分图式，是一种基于某一个社会群体利益的划分，这恰恰是阶级不断有新的状况出现的表现。

　　《天下》篇对战国诸子学术作了梳理，可从其中一观持削弱刑罚利器、削弱政治场域中的符号暴力之立场的诸子对"道"的看法。

　　首先是墨家：

　　"不侈于后世，不靡于万物，不晖于数度，以绳墨自矫，而备世之急，古之道术有在于是者。……今墨子独生不歌，死不服，桐棺三寸而无椁，以为法式。"[1]（《庄子·天下》）

　　"墨翟禽滑厘之意则是，其行则非也。将使后世之墨者，必自苦以腓无胈胫无毛，相进而已矣。乱之上也，治之下也。虽然，墨子真天下之好也，将求之不得也，虽枯槁不舍也，才士也夫！"[2]（《庄子·天下》）

---

[1]　陈鼓应：《庄子今注今译》，商务印书馆，2007，第991页。
[2]　陈鼓应：《庄子今注今译》，商务印书馆，2007，第992页。

　　古葬仪序列之浮华与墨家提倡对丧仪极致的简朴使用形成对照，可以看出，墨家站在一个现实主义的、功能的、实用的立场，站在民的立场上发言，提出要打破差别、等级、特权，提倡"非攻""兼爱""节用"。[1]《天下》篇认为墨子之忧患在于，将一种"节用"的精神贯彻到底，会滑向一种"求苦"。总体而言，墨家对于象征秩序的反抗是值得肯定的，形形色色的象征符号都在驱使人们争名夺利，但墨家反其道而行之，将简朴和广泛的爱作为立身之本，是值得赞许的。

　　其次是宋钘、尹文：

　　"不累于俗，不饰于物，不苟于人，不忮于众，愿天下之安宁以活民命，人我之养毕足而止，以此白心，古之道术有在于是者。宋钘尹文闻其风而悦之，作为华山之冠以自表，接万物以别宥为始。"[2]（《庄子·天下》）

　　在《天下》篇看来，宋钘和尹文提倡人类生活的平等，迎接万物以去除隔蔽为先；提倡心的宽容，以柔和的态度来调和海内。只是，二人将实践分别与对此分别实践的意义赋予相区分，即用一种包容的心态来看待结构所分配的不公平，这是一种认识上的分裂，是不可能实现的。《天下》篇感叹于宋钘、尹文之亲身践行——用一种宽容的态度来迎接这种客观的不平等；但这种通过诉诸内在修养的宽容态度来改变世界的思想，不如说是绕过了这种客观的不平等，而修补内心的不忿和无奈。

　　彭蒙、田骈、慎到：

---

[1]　余英时认为，"墨子反对的是当时所谓'周礼'，因为它已流为极其繁缛的外在形式而无任何内在的意义可言；用墨子自己的话，即是'繁饰礼乐以淫人，久丧伪哀以谩亲'（《非儒下》）"。（余英时：《论天人之际：中国古代思想起源试探》，联经出版事业公司，2014，第 20 页。）

[2]　陈鼓应：《庄子今注今译》，商务印书馆，2007，第 1000 页。

"公而不党，易而无私，决然无主，趣物而不两，不顾于虑，不谋于知，于物无择，与之具往，古之道术有在于是者。……知万物皆有所可，有所不可，故曰：选则不遍，教则不至，道则无遗者矣。"[1]（《庄子·天下》）

《天下》篇认为三子以公正、平等、无私之精神而"齐万物"，只是，三子欲完成一种去除自主性的生活，即是说舍弃实践的权力，舍弃思维和行动上的所有反应，不积极有为；不有为，则只是能过一种没有生命情意的生活罢了。

而后是关尹、老子：

"以本为精，以物为粗，以有积为不足，澹然独与神明居。……建之以常无有，主之以太一，以濡弱谦下为表，以空虚不毁万物为实。"[2]（《庄子·天下》）

"老聃曰：知其雄，守其雌，为天下豁；知其白，守其辱，为天下谷。人皆取先，己独取后，曰受天下之垢；人皆取实，己独取虚，无藏也故有余。其行身也，徐而不费，无为也而笑巧。"[3]（《庄子·天下》）

老子认为，尽可能地按照世俗的分别进行消极选择，对世俗的分别持有一种包容、共处的态度，不积极进取象征利益，而是尽量避免用普遍共同的实践策略行动——取其无用以成大用。老子试图用一种否定分类的实践方案来实践，避开如庄子哲学中常常发生的福祸相易，实际上是一种无奈之举。从这个层面来说，老子倾向于一种对于分类模式的消极利用，即既肯定其存在又否定其运转——权力的结构暴力给予人们的心理压力总如附骨之疽，如影随形，使人灰心丧气。

1　陈鼓应：《庄子今注今译》，商务印书馆，2007，第 1006 页。
2　陈鼓应：《庄子今注今译》，商务印书馆，2007，第 1011 页。
3　陈鼓应：《庄子今注今译》，商务印书馆，2007，第 1012 页。

惠施、公孙龙子等：

"桓团公孙龙辩者之徒，饰人之心，易人之意，能胜人之口，不能服人之心，辩者之囿也。"[1]（《庄子·天下》）

"然惠施之口谈，自以为最贤，曰天地其壮乎！施存雄而无术。……以反人为实，而欲以胜人为名，是以与众不适也。"[2]（《庄子·天下》）

在《天下》篇看来，非常规的话语对于拥有普遍共识的人们而言，是不具有太多的撼动的能量的，只有当非常规的话语获得了一种广泛的、普遍的支持时，才能够通过融为人们惯常使用的思维和行动模式中的一部分得到实践上的贯彻。对于惠施之"辩才"，《天下》篇认为惠施之所以显得如此惊世骇俗，是因为概念实际上与实践认识并无太多的关系，更多的是一种纯粹的理智活动，与社会世界的真实实践划分并无太多联系，也无法运用到真实的世界中去进行判断、实践筹划，"辩"实际上只是一种驰累生命的活动罢了，乃是一种徒劳无功。

《天下》篇对庄子的哲学作出的评述：

"芴漠无形，变化无常，死与生与，天地并与，神明往与！芒乎何之，忽乎何适，万物毕罗，莫足以归，古之道术有在于是者。庄周闻其风而悦之，以谬悠之说，荒唐之言，无端崖之辞，时恣纵而不傥，不以觭见之也。以天下为沈浊，不可与庄语，以卮言为曼衍，以重言为真，以寓言为广。独与天地精神往来而不敖倪于万物，不谴是非，以与世俗处。其书虽瓌玮而连犿无伤也。其辞虽参差而諔诡可观。彼其充实不可以已，上与造物者游，而下与外死生无终始者为友。"[3]（《庄子·天下》）

---

[1] 陈鼓应：《庄子今注今译》，商务印书馆，2007，第1029页。
[2] 陈鼓应：《庄子今注今译》，商务印书馆，2007，第1029页。
[3] 陈鼓应：《庄子今注今译》，商务印书馆，2007，第1016页。

庄子之言"以谬悠之说,荒唐之言,无端崖之辞,时恣纵而不傥",对语言的构建作用保有自我警惕和自觉性,从解构象征话语和其所使用的概念范畴入手,与象征秩序保持拒斥的态度,将生命情意和实践热情倾洒在流转真实的存在领域。"不以觭见之也",没有另起炉灶,用一套清晰的社会世界观对现有的权力话语进行置换,"独与天地精神往来而不敖倪于万物",亦不存与世俗共处、相容、避免灾祸之心思。前文提及,老子持一种"无用之大用"的观念,将自身生命存于一种消极无为之中,即在知晓分类模式的荒谬后反其道消极实践,庄子并不视以为实践典范进行复制,对于庄子而言,实践的热情需要得到正视:"其书虽瓌玮而连犿无伤也。其辞虽参差而諔诡可观。彼其充实不可以已,上与造物者游,而下与外死生无终始者为友。"庄子十分积极地投入与自然的同游、与友人的同乐实践之中,这是老子所未提及的。

总之,从《天下》篇对庄子之"道"的叙述之中,可以看出庄子对于政治的想象是从个体出发——当每个个体都拥有思想和实践的自由,此时政治、名言和礼教已经是一种不被需要的、不被期待的东西了,在这种情况下,不需要普遍的政治蓝图,不需要个体为集体的宏大蓝图提供服务。也许在庄子看来,一种去政治化的生活本身是不会对政治本身有要求、想象或期待的。

二、无名之道:"审乎无假而不与物迁"

"问道"的寓言中,当庄子笔下的角色被问及何为"道"时,总是不愿直白地、直接地对"道"进行言说——要么表达对言说"道"这一活动的不屑一顾、推脱和抗拒,如,"无名人曰:去!汝鄙人也,何问之不豫也？"[1]（《庄子·应帝王》）"吾弗知，吾弗知！"[2]（《庄子·在宥》）要么用一种以身体技艺与"道"进行类比的方式，按照一种含糊、不确切、不清晰的方式给出某种涵义指向，如，"亦奚以异乎牧马者哉！亦去其害马者而已矣！"[3]（《庄子·徐无鬼》）

尽管不愿对"道"直接进行言说，这些超凡脱俗者却愿意分享自己关于"乐"的生命经验的看法："予方将与造物者为人，厌则又乘夫莽眇之鸟，以出六极之外，而游无何有之乡，以处圹埌之野。"[4]（《庄子·应帝王》）"汝游心于淡，合气于漠，顺物自然而无容私焉，而天下治矣。"[5]（《庄子·应帝王》）"浮游，不知所求，猖狂，不知所往，游者鞅掌，以观无妄。"[6]（《庄子·在宥》）

庄子用一种在宇宙中自在遨游的身体化的生命经验，来答"道"，实际上，是要用这种身体化的真理经验来替代人们对"道"作为社会分类图式的观念认识，认为生命主体能够在一种身体与世界发生经验的过程中领会到一种微弱化的真理感受，得到一种微弱的"道"之知——而这种"道"才是真正值得追求的，是真正的"道"。

即是说，庄子将生命个体对私己的、身体化的"乐"与"游"之追求，放置在了对某种被视为是社会文化的终极性根据、社会秩序的根本保证之"道"的前面——后者实际是庄子哲学所欲消解的对象。庄子哲学的"问道"寓言，本质是教人去除头脑中对社会分类系统的信念，不以世俗之喜恶等价值分类认识为天经地义之追求，将心境敞开在一

---

[1]　陈鼓应：《庄子今注今译》，商务印书馆，2007，第 251 页。

[2]　陈鼓应：《庄子今注今译》，商务印书馆，2007，第 333 页。

[3]　陈鼓应：《庄子今注今译》，商务印书馆，2007，第 732 页。

[4]　陈鼓应：《庄子今注今译》，商务印书馆，2007，第 251 页。

[5]　陈鼓应：《庄子今注今译》，商务印书馆，2007，第 251 页。

[6]　陈鼓应：《庄子今注今译》，商务印书馆，2007，第 334 页。

个旷达无定的域中，在宇宙天地、山川大泽之间领会到一种身体化的审美经验，在意志与躯体所有的生命情意通畅自在之境遇中，实现生命自身与"万物一府，死生同状"的达观自在。

（1）微弱的感受性真理："物物而不物于物"

庄子对生命主体的身体经验有着丰富的阐述。不仅如此，庄子哲学总是将"道"与人的身体经验、身体化的真理感受、实践之中的身体技艺相联系；在庄子看来，"道"之知是内在于人的身体感受之中的，人们在实践之中、在具体的时空之中，感受生命存在的真理。王船山将《庄子》此意阐发为："道止于治身，而治天下者不外乎是。"[1]

"庖丁为文惠君解牛，……臣之所好者道也，进乎技矣。始臣之解牛之时，所见无非牛者。三年之后，未尝见全牛也。方今之时，臣以神遇而不以目视，官知止而神欲行，……彼节者有间，而刀刃者无厚，以无厚入有间，恢恢乎其于游刃必有余地矣，……提刀而立，为之四顾，为之踌躇满志，善刀而藏之。文惠君曰：善哉！吾闻庖丁之言，得养生焉。"[2]（《庄子·养生主》）

庖丁对"道"的感悟是在一种身体技巧的练习中领会到的，在整个过程之中，庖丁对牛的所有肯綮的位置、筋脉的走向、肌肉的分布等分类和结构有了具体的、身体化的感悟，对刀如何使用以及不伤刀的技巧也通过身体的经验有了长足的积累，故而，庖丁最后能够按照一种灵巧的方式、应机的操作、合乐的节奏，对牛进行分解，且不伤自身、不伤刀。在庖丁得到"道"的过程中，认为关键在于"以神遇而不以目视，官知止而神欲行"，全身心地、凝聚全部生命意气地投入当下的

---

[1] 王夫之：《船山全书·第13册》，岳麓书社，2011，第211页。
[2] 陈鼓应：《庄子今注今译》，商务印书馆，2007，第116-117页。

行动中，别无他想。[1] 故而，在一种持续的身体与空间、客观经验对象、主观意志精神的相互作用中，对"道"的真理感悟便自然流转和生成了。庄子哲学通过叙述庖丁对"道"的感悟与经验，展现了一种内在于主体生命身体和精神之中的真理经验，这种真理经验在一种实践的场域之中发生，因此，它同时又是一种对外在世界、外在对象的真实、纯粹的真理经验——即是说，"道"的真理经验即生发和流转在人、物之间，主、客观之间，精神与身体之间，直觉与知觉之间；主体生命对"道"的领会和感知是一种在空间之中的身体经验的自然生发，微妙而美。

"佝偻者承蜩，犹掇之也。……曰：我有道也。五六月累丸二而不坠，则失者锱铢；累三而不坠，则失者十一；累五而不坠，犹掇之也。吾处身也，若厥株拘；吾执臂也，若槁木之枝。虽天地之大，万物之多，而唯蜩翼之知。"[2]（《庄子·达生》）

"梓庆削木为鐻，鐻成，见者惊犹鬼神。……臣将为鐻，未尝敢以耗气也，必斋以静心。……然后入山林，观天性，形躯至矣，然后成见鐻，然后加手焉，不然则已。则以天合天，器之所以疑神者，其是与！"[3]（《庄子·达生》）

"大马之捶钩者，年八十矣，而不失豪芒。……臣之年二十而好捶钩，于物无视也，非钩无察也。是用之者，假不用者也以长得其用，而况乎无不用者乎！物孰不资焉！"[4]（《庄子·知北游》）

---

[1] "庖丁之解牛，一如生命之游于人间世，解牛而刀刃无割折，犹如生命游于天地间而不伤。盖解牛之难，原不在所解之牛之筋骨错杂，而在其解牛之刃之未得其间。然则何以未能得其间，即在其未能无厚也。而人心之所以厚者，即在人心对善恶名刑之执而已。"（高柏园：《庄子内七篇思想研究》，文津出版社，1992，第119页。）

[2] 陈鼓应：《庄子今注今译》，商务印书馆，2007，第550页。

[3] 陈鼓应：《庄子今注今译》，商务印书馆，2007，第567-568页。

[4] 陈鼓应：《庄子今注今译》，商务印书馆，2007，第672页。

在这三个例子中，"道"同样显现为一种主体存在与自然相协和的身体技艺之知，显现为一种主体的心灵与身体、周围空间、天地中的自然之物共同生成创造性经验之知。佝偻者、梓庆及捶钩者在一种心意专一，毫无先见、偏见、世俗之见的精神状态中，在不断的身体技巧的磨炼中，最终实现了一种与自然、天地最融洽的、最和谐的状态。

庄子哲学所展现的对"道"的身体化经验之知，已经完全与社会世界文化、分类范畴概念、分类的意义和原则认识毫无关系，仅仅是与许多的稍纵即逝瞬间、许多的灵光乍现、许多的身体感悟等相关联。即是说，主体对"道"的感知是从无数的身体感知经验和技巧细节中积累和生成的，是从对外在世界中的自然之物的直接的、切身的抚触、斩切、擦拭、摸索的经验之中积累和生成的。这种对"道"的感悟，作为身体与精神的内在经验，是无可言说的；但又是确切地、身体化地存在着的——在每个创造性的活动和实践中，在每个创造出来的"物"的成果中，主体呈现了自身对"道"的真实经验和感悟。

庄子揭示了"道"是现成于个体经验和感官感受之中的，是一种主体对外在之物的玄妙的身体化的感悟，这意味着庄子将世界收缩到身体，准确地说是肉身，人类的会疼的、切实的、迫真的躯体。换句话说，就是将身体作为去存在、去感受的介质，而非通过分类模式这个介质去感受和认识整个世界。庄子哲学对"道"的叙述是纯粹的身体经验，不夹杂丝毫的社会分类认识，不与他人、被抛的世界时代背景有任何关系，仅仅是人之身体与世界之中的自然之物的交流、经验与领会[1]。

---

[1] 陈霞认为，庄子突出"忘"的技艺，"因忘形而获神，因忘知而获悟。在'忘'的状态下，人的创造性和灵感容易爆发"。（陈霞：《"相忘"与"自适"——论庄子之"忘"》，《哲学研究》2012 年第 8 期，第 44-49 页。）

在这种对自然和存在的身体化领会活动中，庄子哲学将拥有身体的个体存在自身确立为人之存在根本，即人与世界发生关系的根本依据。个体生命在世界之中展开生存和生活，用感官和智性展开心意的流动，用身体和理性展开认识和行为等等，这意味着，只有存在着的生命本身才是一切生活、一切文化、一切其他实现可能性的根本。[1]只有存在的生命是最珍贵的，没有了"生"，不再"存在着"，则其他的活动、心意、理想、理性、文化等都失去了意义。

人类生命因"存在着""活着""身体在世界上活动"这个根本特征，才拥有无穷的潜能的开显和生发，一切生活和创造的可能性都需要从存在的实在性之中来筑基，"活着"意味着无穷的可能性。"问渠那得清如许，为有源头活水来"揭示的是生命存在自身，是个体的历史时间的最根本端绪，是个体无穷可能性的认识和实践的最根本端绪；生命本真是个体最具有充足完满的存在根据。

故而，切身地在世界上呼吸和生存着的存在，最根本的特征是"备"——在一种无需刻意寻找、无需他人赠予或施舍、无需期求或为之付出的意义上的"备"；因为个体生命是一种生命存在的"在"自身，有着一种天然具足的存在性质。[2]"我存在于世界之中"是进行其他所有内在的认识活动、创造性的身体活动的实在性根据，是潜能和可能性驻定之处。由于身体生命的持续，生命存在着、有身体、有精神，人类才可以选取一切在手边的事物作为实践的对象或工具，可

---

[1] 杨国荣认为，"在《庄子》那里，'身'不仅仅是感性的躯体，同时也是个体或自我的符号。由肯定自我对于他人的优先性，《庄子》进而将'身'置于家国天下之上"。（杨国荣：《〈庄子〉哲学中的个体与自我》，《哲学研究》2005年第12期，第40-46、123页。）

[2] 这种禀赋和能力"乃是我们一般视觉之基础与存在的条件。如果我们内身没有这种想象的能力，也没有对所产生的景象的一种原来的直觉，那我们也不可能用眼睛看见任何身外的东西"。（毕来德：《庄子四讲》，宋刚译，中华书局，2009，第107页。）

以按照心意进行实践，可以在实践中获得智性的审美体验，也能够在天地之间成就具有实在性的活动，与他人进行真诚的交往。"备"表述了生命个体作为自身之存在根据的充分必要性质："我存在于世界之中"是生命个体进行一切创造活动的前提，个体生命历程中发生的所有事件、发出的言语和创造，都是"我存在于世界之中"的具体微粒；甚至极端地说，作出结束生命决断的前提，仍是"我存在于世界之中"。

在生命时时刻刻存在、从未有一刻中断存在的意义上看，生命存在呈现出一种"备"的特征。生命即意味着"存在"，意味着所有行动和意识的可能性，这是完备的、绵延的，不会出现任意一方的短暂缺席或遗漏。这里并不是一种语言上的重复指称，或是某种混淆因果的说法；是在存在本体的角度上进行强调：生命是"我存在于世界之中"本身，这二者从诞生之始便是同一的，在时间和空间的展开之中永恒不分——直至死亡的到来，才终结了这种"存在的同一"。在历史时空中，任是来自他者的暴力、自我的忽视，还是世界中发生的意外事件，都不能将"我存在于世界之中"这个根本的存在特征，从自我生命中剥落开去。

没有比此不穷之"我存在于世界之中"更适合作为自我生命之根据的存在了。从其与"生"俱来、无可分离的层面看，没有比"我存在于世界之中"更符合"周、遍、咸"特征的存在了。[1]

在显露的可称之为"备"的特质之外，"我存在于世界之中"具有最原初的本真性，是存在序列的开端——整体世界万千事象，尽管作为存在物在时间长河上亘古长存，其存在却是以生命之"我存在于世界之中"为起点：这是由于，世界之存在是被意识到的、被创造的、被赋予的，世界存在的根据是主体存在自身。

---

[1] 陆九渊曾经说过："宇宙不曾限隔人，人自限隔宇宙。"（陆九渊：《陆九渊集》，中华书局，1980，第401页。）

意识到自我的存在、意识到世界的存在、意识到他者的存在、意识到时间的存在等等，当这些事象通过其差异性进入视野之中来，生命存在自身就已经完成了最初始的赋予世界以存在、规定、意义的活动。生命存在自身给予其他一切可能的存在以"存在"，是所有一切可能的存在的根据。而命名、用语言进行规定等活动，是随之而来的生命个体对世界的好奇驱动下的存在活动。从这个意义上讲，进行分别、分类、区分等活动，都归属于、本源于生命存在对世界中其他事象的"存在的肯定"。

生命个体存在的展开是在先的、根本的，在生命个体感悟到自我与他者的存在分隔、自我与世界的存在关系及时间在自我生命的展开之后，才有了世界整体的展开、历史时空的展开、社会关系的展开。因此，无论是世界整体、历史时空还是社会关系，都从存在的起始便打上了"我的存在"的烙印——世界整体、历史时空、社会关系等一切客观外在存在，都是在"我的存在"的映照下，才进入实在的存在序列中来；在"我的存在"的映照下，一切外在的存在才拥有了过去、现在、未来的序列，才真正朗现、流转起来，进入"存在的集合"中来。在"我的存在"开启之前，这一切都是"无"，既没有存在，也毫无意义。

因此，尽管主体在世界中降生，在世界中活动，在世界中死去，时时刻刻不离于世界，世间既有的、在时间中延续不断的存在物，也不能够作为自身存在的根据。只有能够肯认或创造其他存在物之"存在着"实在性特征的"我的存在"，赋予自我之外的其他一切物的存在特征的"我的存在"，才是它们的存在根据。

（2）取消必然性暴力："莫若以明"

随着庄子哲学将自我的生命存在作为唯一的、真实的、可靠的存在根据，生命存在与世界的交往方式便发生了一个颠倒：从"我是为世界的"，颠倒为"世界是为我的"。

"我是为世界的"是对人之为"社会结构中的一个被规定的存在"传统行动和存在图式的表达，在这种看法之中，强调象征表象的逻辑确定了人们构成社会存在的认识和意义的原则，人是社会现实的一部分，人作为社会存在只有通过分类工具才能参与构建社会世界的实践。然而，当人的存在境况变为"世界是为我的"时，意味着"我"构成了这个世界，世界的意义由"我"赋予。

当存在着的"我"作为活动着的、生活着的、不可忽略的个体存在突显出来时，人对自我存在的感悟获得了一个突破和超越——主体会试图否定关于社会世界的认识和评价范畴，并由此生发出想要改变这种现状的想法——主体的现状是被社会世界的认识和评价所局限的，自主性为之深深压抑；人会进一步地想要使得自身存在总是敞开的、自主的、自由的，而不愿意让一种历史的分类模式、一种社会世界的历史的局限性（分类模式是社会主体与其状况保持的一种时间关系的根源和他们可能对这种实践关系形成的表象的根源，而且分类模式本身也是这种状况的产物），对自己的自由认识、自由思考、自我规定和意义赋予、自由创造和自在生活产生桎梏。

庄子哲学将生命存在的身体经验作为真理的根据，强调生命的经验自身便是真理的来源和根据。从这个意义上，庄子这种视"道"为个体生命身体化经验的观点是彻底地对真理观念的革新，即所有的"真知"，对"道"的认识，对世界、人生的认识，只能是一种具有私隐性质的、内在性的感悟——从真理的可能性仅仅内在于主体存在的意义上，庄子将解释价值和诠释生活世界各色现象的权力归还到个体手中；世界也成为一个有待解释的、有着无限可解释性的存在。

即是说，除了个体生命在一种日常的与世界、他人、自然的相处中所得到的碎片化、微弱化的身体感悟和精神领会，别无任何"真理"。世界之中的所有现象、所有事物的意义和规定都向着主体存在敞开——根本没有不可动摇的真理的客观的根基或终极保证，所有的真理不过是个体生命瞬间性的、非连续的经验，真理成了一种不断被生成和重构的东西，一种确切的、却微弱的东西。因为人们的感受不是永恒的，人们生命经验不断发生着变动，主体自身对这种真理经验也没有任何不可动摇的明晰性、确定性、稳定性。存在自身闪耀着一种有限性、差异性、历史性，故而存在生成的真理经验也有一种稍纵即逝特征。人们对自己生命经验的真理感受，像自然中发出的地籁和天籁，"前者唱于而随者唱喁，泠风则小和，飘风则大和，厉风济则众窍为虚"（《庄子·齐物论》）。当下的身体感受仅仅根据当下对世界的经验生成，这种生命经验自身便是真切而美妙的。

庄子哲学这种对真理的看法，带着一种认识上的虚无主义气质，即是说，庄子将所有霸道、必然的主张都通过存在是自身的根据，置于一种无限可解释性的层面上，对给定的所有真理、追求永恒化和普遍化的真理予以了强力的悬置——"夫吹万不同，而使其自己也。咸其自取，怒者其谁邪！"[1]

在这种类似于虚无主义的境况中，消除了"绝对差异"、"本质"和"公共真理"，留存的是一种持续的、动态的对世界的解释尝试。存在不是一种恒定的实体，而是一种不稳定的、不具有绝对的存在规

---

[1] "意义的空无就是无厚，悬置一切意义，反而是意义的最大充实。无厚其厚，无有其有，乃是其生命之内充实而不可以已的表示。"（陈赟：《论"庖丁解牛"》，《中山大学学报（社会科学版）》2012年第4期，第117-133页。）

则的东西，存在的显露是不断涌现和处在流变之中的"事件"，即是说，人们不断地在"看到"和解释存在。人们通过语言，通过一种身体的感觉，通过审美的体验，将这种真理的经验的实在性显示出来。每一个人都可以参与到这种解释的生产之中，按照一种内在的意愿进行价值的赋予和解释的劳动，这种解释是具有实在性的微弱真理。在小小却微妙的动人的真理领会之中，每个人都自在地想象世界的可能相貌，想象自我的处境，想象历史的发展。每个人都在向着这种"实在的想象性经验"开放，每个人都处在社会历史的中心，人们在一种想象和解释的自由之中，在一种具有"无限可解释性"的世界之中，感受生命和世界整体的美好和平静。

同时，这种真理的虚无主义气质，还体现为一种真理的微弱性质。人们并非为了获得真理而去实践和感受，而是反过来——敞开在宇宙天地中，与万物生灵不断发生着丰富而曼妙的生命经验，生命情意怡然自在，人们的真理经验感受不过是生命存在的微小馈赠，人们的智性感悟不过是生成的生命经验中一个微小的闪光罢了。即是说，在庄子看来，真理的感悟之所以微弱，是因为真理的生成不过是人生命中一个小小的成就，人们的审美情意、生命意气挥洒在天地人生之间，这种生命自在才是根本和更为深刻的。

"丽之姬，艾封人之子也。晋国之始得之也，涕泣沾襟；及其至于王所，与王同匡床，食刍豢，而后悔其泣也。予恶乎知夫死者不悔其始之蕲生乎？梦饮酒者，旦而哭泣；梦哭泣者，旦而田猎。方其梦也，不知其梦也。梦之中又占其梦焉，觉而后知其梦也。且有大觉而后知此其大梦也，而愚者自以为觉，窃窃然知之。君乎，牧乎，固哉！丘也与女，皆梦也；予谓女梦，亦梦也。是其言也，其名为吊诡。"[1]（《庄

---

[1] 陈鼓应：《庄子今注今译》，商务印书馆，2007，第102页。

子·齐物论》）

当丽之姬为自己将被晋王所俘虏时，感到害怕和悲伤；然而发现和晋王的相处也不错时，则后悔哭泣。任何先见和成心、常识和共识的权威性，在生命真实的事件发生之时，都失效了——人们当下的感觉和领会的真实性才是真理微弱却实在的来源。人们正在生存着，感到生存很好，便以为死亡是不好的，然而人们焉知死亡后的"生活"是什么样的呢？也许人们会死后为自己曾那么好生恶死而后悔不已——判断、认知、解释等等总是不确切的，总是有待新的生命经验将其击碎。生命经验、身体对空间和时间中发生的事件的领会总是流转变易的，像人们梦醒时才知道刚刚做了个梦，只有当再次梦醒时，才知道刚刚以为自己已经做梦醒来是一个梦而已——一切都有待人们再次解释，没有确切的、永恒的论断或话语值得信赖。[1] 因此，生命个体不断地去感受，不断与世界自然和人生整体发生情意的碰撞，才是真正有意义的，至于人们的真理经验，不过是智性认识的微小成就罢了；在生命奔涌向前的趋势和世界不断发生不可预计事件的本相面前，真理感受的生成几乎不值一提。

当人们思考对世界的体会和认识时，发现世界有着变动不居的存在性质，身处在这个变动不居的世界之中，生命存在自身只能够根据自己的存在经验、当下的身体经验进行感知和思考，除了私己的感受

---

[1] 阿诺德·盖伦认为人存在"本能的贫乏"，这导致了在世界中生存的人，无法通过本能解决问题，本能并没有为个人提供一种稳定的结构，它面对的是一个开放着的世界，后者意味着任何生物所无法容忍的生存环境和心理环境的变化性与不稳定性，人不得不通过自己的活动构造稳定的结构，而社会制度（包括各种技术在内）便是"世界构造"活动的核心，为人类自身提供一种稳定的背景（background），在开放流动着的世界中赋予人生以一贯性和连续性，各种制度本身也为人的生存提供了一种前景（foreground）。（阿诺德·盖伦：《技术时代的人类心灵：工业社会的社会心理问题》，何兆武、何冰译，上海科技教育出版社，2003，英文版前言。）

尽管是微弱的，但是真切的之外，世界中的其他所有的存在都是下一秒即变化万千的东西——庄子哲学无意夸张世界的变易性质，只是认为世界中不存在某种永恒的知识。人是"知"作为事件或行动的能动者，负有绝对的责任，即是说，人是作为不断解释、书写和改造真理的生命存在生活在世界之中的。庄子所欲通过"梦－觉"结构突出显示的，是人们真理经验的微弱性质，突出人们只能依靠自己的存在经验和身体感受确定自己的认识、对世界的认识和展开实践的预想，强调世界的无限可解释性。

所有的知识、观点和价值判断，事实上已经被庄子敞开在一种普遍平等的关系之中了，也敞开在生命主体对世界的不止息的实践和领会之中了。

即是说，随着庄子将个体生命私隐的、切身的感受性经验作为真切的、微弱的真理经验，世界所有方面、时间和空间的展开都成了有待感受、有待解释的东西。庄子《齐物论》之"不遣是非"，便是这种真理认识机制生成的知识论立场——所有的是非都是在流变之中的，不具有绝对性、恒定性，总是会有新的是非感受生成；在这个意义上，庄子哲学强力地悬搁了所有的强式真理。恰如瓦蒂莫对真理之所见："我们唯一能够认识的世界都是一种差异世界……把真理转换为价值，也不能导致新真理或一种新思想基础的发现，因为差异的世界就是它所具有的唯一的世界。"[1]

在《齐物论》中，庄子讨论了种种"是非"皆是互相对待而成立，并不是独立能够恒常成立的，随着主体存在的场域、时间、空间等条件的改变，"是非"的真理性便会发生改变；且"是非"在不同的主体之间互相流转，即是说，在不同的价值标准、不同的感受主体来端

---

[1] 詹尼·瓦蒂莫：《现代性的终结》，李建盛译，商务印书馆，2013，第17-18页。

看"是非"，会有完全不同的结果。"古之人，其知有所至矣。恶乎至？有以为未始有物者，至矣，尽矣，不可以加矣。其次以为有物矣而未始有封也，其次以为有封焉而未始有是非也。是非之彰也，道之所以亏也。道之所以亏，爱之所以成。"《齐物论》认为，言语自身的意义是不确定的，事物自身的意义也是不确定的。言论自身的意义是流转的，然而在成心的关照下，才有了具体的、确切的意义——成心是有一套不甚清楚的互相对立的形容词和互相对应的概念范畴系统，通过这一套成心，便可生产出确定的、系统化的认知和评价，可以赋予确切的意义。

"请常言移是。是以生为本，以知为师，因以乘是非。果有名实，因以己为质。……以用为知，以不用为愚，以彻为名，以穷为辱。移是，今之人也，是蜩与学鸠同于同也。"[1]（《庄子·庚桑楚》）

意即现实的是非，是有定准的，以一些"用""不用"，"智""愚"，"荣""辱"等贫乏的形容词作为偏好判断的概念装置，这些都不过是在局限的时空之中才获得其意义的；当人们换到另一个空旷的空间，如古之人所身处的时空之中，则将失去所有的确定的意义，这些是非的特殊用途也将不符实际——今天这些执着于是非的人，不过是蜩与学鸠之见识罢了。正如罗斯之所见，"一种没有明显视角局限性的意识，根本就不是意识"，"所有的视角和秩序，包括上帝，都是选择性的和条件性的，都是排除性的和限制性的"。[2] "移是"之说强调了，当言说者处在一个话语空间，共享某种被自然而然接受的明证性和前提的系统，如对价值的认识等，这些是非才得到确定，然而当话语空间

---

[1] 陈鼓应：《庄子今注今译》，商务印书馆，2007，第706页。

[2] Stephen David Ross, *Perspective in Whitehead's Metaphysics* (Albany, New York: State University of New York Press,1983), p. 251, p.272.

发生变化，则是非不再确定。

以天性、自然之本性为根据，以为果真有名实的对应，以为果真有是非的标准，便引为行动的策略根据和人生的实现目的。实际上，这些都是一种虚幻的是非罢了。现实之中，发生的判断和意义感受是一种当下的、身体化的、处在身体互动之中的判断。譬如："蹍市人之足，则辞以放骜，兄则以妪，大亲则已矣。"[1]（《庄子·庚桑楚》）同样是踩到别人的脚而冒犯到了他人这件事情，若是在街道上踩了他人的脚，就赔罪说自己放肆；若是兄长踩了弟弟，就怜惜抚慰；若是父母至亲踩了孩子，也不至于自责谢过。即是说，在不同的情景中，在和不同人的互动中，同样一个事情，其意义和感受是不一样的；没有放之四海而皆准的判断准则和结论。

"故曰，至礼有不人，至义不物，至知不谋，至仁无亲，至信辟金。"[2]（《庄子·庚桑楚》）具体情境之中的礼、义、智、仁和信，有着具体的对象之分——根据对象的不同，主体的表现会有所不同，这是礼、义、智、仁和信等行为准则的内涵和外在要求。只是，在具体的情景之中，按照不同的行为准则进行表现，假若仅仅是进行一种精准的分类判断、恰到好处的策略匹配和精准控制的肢体活动，而内心无有情意的创生和价值的丰富感受，则并不意味着真正实现了对他人的爱和尊重，礼、义、智、仁和信的实现是一种虚伪的实现。相应地，尽管没有进行分门别类的策略思考、按照某种标准的模板和规范进行行动，却将这种尊敬、爱意和亲近蕴藏于举止言行之中，反成其为朴素的，真正的礼、义、智、仁和信的实现——而这就是"至礼""至义""至知""至仁""至信"的真谛。

---

[1] 陈鼓应：《庄子今注今译》，商务印书馆，2007，第 711 页。
[2] 陈鼓应：《庄子今注今译》，商务印书馆，2007，第 711 页。

人我之分、物我之分等等是非之分，都是流转的、不定的，没有确切的根据和结论，是非的意义也没有确切的说法。因此，将某一确切的、固定的意义和价值判断作为某种有着必然性的道理，忽略自身的真实境况，却不断与此必然道理进行纠缠和执着，不断沉浸在此必然性观念带来的意义和价值感受之中，果然陷入一种执滞之中。终日受到利害观念的搅扰和谋划竞逐活动的约束。殊不知一切都是起于虚妄的是非念头，是自寻烦恼而已。

庚桑子言："无使汝思虑营营。"[1]（《庄子·庚桑楚》）超然是非之分、人我之分、物我之分，而后能够解除怖惧的心理压力，这就实现一种天人合一的境界了。"欲静则平气，欲神则顺心，有为也欲当，则缘于不得已，不得已之类，圣人之道。"[2]（《庄子·庚桑楚》）顺应自然和气，无为和有为都在一种宁静和平气的身心境况之中进行，就很好了。

"宇泰定者，发乎天光。发乎天光者，人见其人，物见其物。"[3]（《庄子·庚桑楚》）将虚妄的是非观念、由此产生的营营思虑弃诸脑后，心境安泰，便能发出自然的光辉，即人能显现其人的天然本质，物能显现其物的天然本质。恰恰是抽象的是非观念、社会构建的分类图式，模糊和混淆了人的生命存在本身和仅仅存在于观念之中的具有多种内涵、规定和分类的"抽象的人"二者，也模糊和混淆了人在实践中、生活中所接触到的事物本身和覆盖了多种内涵和规定，先入地根据分类图式有所划分的"抽象的物"二者。而当人们返归到自然的日常境域之中，将生命立身于真实的生活和圆融的世界之中，将情意

[1] 陈鼓应：《庄子今注今译》，商务印书馆，2007，第691页。
[2] 陈鼓应：《庄子今注今译》，商务印书馆，2007，第717页。
[3] 陈鼓应：《庄子今注今译》，商务印书馆，2007，第699页。

收摄于真正能够创造价值、创造切实的美的活动之中，行动便自在自由，自然而然地创造了属于、切合于个体生命存在的真正好的生活。

庄子哲学认识论的核心观点在于，是非价值判断具有一种"无定"的变易迁移性质，没有永恒为真的真理，没有一劳永逸的认识和评判机制——在这种情况下，执"是非"的任何一端都是不明智的，将"是非"作流转不定的存在进行观照，尊重彼此的是非标准，尊重主体的自主自由认识，将主体认识敞开在客观世界存在的整体性和流变性之中，才能够避免陷入某种思维的窠臼和价值的囚牢之中。

"果且有彼是乎哉？果且无彼是乎哉？彼是莫得其偶，谓之道枢。枢始得其环中，以应无穷。是亦一无穷，非亦一无穷也。故曰莫若以明。"[1]（《庄子·齐物论》）

"化声之相待，若其不相待，和之以天倪，因之以曼衍，所以穷年也。……忘年忘义，振于无竟，故寓诸无竟。"[2]（《庄子·齐物论》）

《齐物论》的"齐是非"，敞开了常理、常情、共识所笼罩和掩盖的思想世界的本来面貌：主体认识是自在自由的，客观世界是流变而协同一体的，这与社会世界实践之中实际彼此共享的那套系统性的二元分类图式所指向的稳定、一致、理所当然的社会秩序图式大为不同。《齐物论》为破解这种被刻意垄断的、精心制造的社会系统性分类图式，提供了认识论维度的观点。从认识论角度看这社会流行的一套权威话语和阐释图式"公是公非"，则其荒谬性和异化人们的工具性显露无遗。

故而有 "啮缺问于王倪，四问而四不知"，王倪再三坦言，不认为任何私己的、主观的、任意的观念能够推广为某种社会自然的绝对

---

[1] 陈鼓应：《庄子今注今译》，商务印书馆，2007，第67页。

[2] 陈鼓应：《庄子今注今译》，商务印书馆，2007，第105-106页。

真理[1]：

> "啮缺问乎王倪曰：子知物之所同是乎？曰：吾恶乎知之！子知子之所不知邪？曰：吾恶乎知之！然则物无知邪？曰：吾恶乎知之！虽然，尝试言之。庸讵知吾所谓知之非不知邪？庸讵知吾所谓不知之非知邪？"[2]（《庄子·齐物论》）

反观社会话语图式的制造，宰制者总是将其话语的权威、社会不平等格局的结构与一种天经地义的自然秩序相比附，只是自然世界的秩序想象亦是某种主观任意的观念构建罢了，这种必然性的话语其自然化、秩序化是不合于生命存在实践的自然发生态势的。

> "庄子与惠子游于濠梁之上。庄子曰：鯈鱼出游从容，是鱼之乐也。惠子曰：子非鱼，安知鱼之乐？庄子曰：子非我，安知我不知鱼之乐？惠子曰：我非子，固不知子矣；子固非鱼也，子之不知鱼之乐，全矣！庄子曰：请循其本。子曰汝安知鱼乐云者，既已知吾知之而问我，我知之濠上也。"[3]（《庄子·秋水》）

惠子与庄子关于"鱼之乐"的观点争端，实际上是二者对于真理的观念争端。庄子所言"鯈鱼出游从容，是鱼之乐也"，乃是庄子在濠梁之上，身边有挚友陪伴，在这样的一个心情畅快的时刻故而有言。庄子并不在意鱼是否切实地感到快乐，只是将此时此刻的私隐体验通

---

[1]　陈赟认为，"人、鳅、猿猴三者各自居住的'正处'不同，人、麋鹿、蝍且、鸱鸦四者各自'正味'不一，人、鱼、鸟、麋鹿'正色'各异，但以上正处、正色、正味都具有不经过语言为中介的特征，即可展开在不同存在者各自的自我受用中，以至于存在者可以'自得其得''自适其适'（《庄子·骈拇》）。与存在者本性相应的自然的'是非'，发生在'前物论'的层次，是在'行为之流'（the flow of behavior）中，是在存在者的存在中自我呈现的。"（陈赟：《〈齐物论〉与"是非"问题》，《华东师范大学学报（哲学社会科学版）》2022年第2期，第79-92、175-176页。）

[2]　陈鼓应：《庄子今注今译》，商务印书馆，2007，第97页。

[3]　陈鼓应：《庄子今注今译》，商务印书馆，2007，第513页。

过话语的形式说出；这种感受经验并不会持存，寓寄于言语之中，也并非为了表达一种具有确切性和绝对性的真理。因此，在庄子看来，"子非鱼，安知鱼之乐？""子非我，安知我不知鱼之乐？"两句话都是一种主体私隐性的真理经验罢了。[1]

惠子未能领会到庄子的真意，想当然地认为，"子非鱼，安知鱼之乐？"在惠子看来，鱼是否切实地感到快乐，这是有着确切的结论的，只是这个客观的、外在的结论并不能通过某种方式使得人类得知，故而是存疑的。"我非子，固不知子矣；子固非鱼也，子之不知鱼之乐，全矣！"亦是在质疑庄子"知道"客观的真理、质疑庄子此话的绝对性和权威性。惠子实际上站在一个知识不可能、真理经验不可能的立场上来质疑庄子。

庄子最后说："请循其本。子曰'汝安知鱼乐'云者，既已知吾知之而问我，我知之濠上也。"庄子的真理经验实际上是，"我知'儵鱼出游从容，是鱼之乐也'濠上也"。这是对私隐的身体感受和精神情意的自在言说；而非惠子以为的，对某种绝对的真理或客观永恒真理的言说。[2]

从这个寓言可以看出，庄子哲学强调身体的在场、时间和空间的在场，强调真理经验的流动性、特殊性和不可复制性，强调一种身体经验的不可言说性，并不认为世界上存在有可以复制或重现的实践。这种真理观点是流动的、发展的，对于真理经验的确认是真实尽管微

---

[1] 威廉·詹姆斯也指出，"世界中有一些因素，无法与其他因素合并而构成合理的整体，从其他因素构成的体系看来，它们只是一些无关紧要的、偶然的因素——那就是不得其所的污垢（弃物）"，"我们最终必将承认它包含着真理的因素"。（威廉·詹姆士：《宗教经验种种》，尚新建译，商务印书馆，2017，第134-135页。）

[2] "词所讲述的只是自身，词要做的只是在自己的存在中闪烁。"（米歇尔·福柯：《词与物——人文科学考古学》，莫伟民译，上海三联书店，2001，第393页。）

弱的，对常识、定理、客观绝对的真理等确定性认识的看法是消极和不甚在意的。

对于站在濠梁之上怡然自得地和惠子讨论"儵鱼出游从容，是鱼之乐也"的庄子而言，世界存在本身，世界的所有方面，都是在一种涌现与流变之中，永远从属于解释的过程，等待进一步的阐释和想象，等待下一次意识的突然跳动——而不是进入某种权力话语的深渊之中，成为锁住主体自由思虑和创造性的窠臼。庄子会肯定，不断地将思虑放入超出此时此地的存在想象上，不断地进行即兴的演绎和阐释，这是一种道德上、政治上和心理上正确的事情。

与"鱼之乐"之寓言可以形成对照的，是壶子的寓言。

"郑有神巫曰季咸，知人之死生存亡，祸福寿夭，期以岁月旬日，若神。……明日，列子与之见壶子。出而谓列子曰：嘻！子之先生死矣！弗活矣！不以旬数矣！吾见怪焉，见湿灰焉。列子入，泣涕沾襟以告壶子。壶子曰：乡吾示之以地文，萌乎不震不正。是殆见吾杜德机也。尝又与来。……壶子曰：乡吾示之以未始出吾宗。吾与之虚而委蛇，不知其谁何，因以为弟靡，因以为波流，故逃也。……无为名尸，无为谋府；无为事任，无为知主。体尽无穷，而游无朕，尽其所受乎天，而无见得，亦虚而已。至人之用心若镜，不将不迎，应而不藏，故能胜物而不伤。"[1]（《庄子·应帝王》）

壶子改变自己的"气机"，季咸便会改变自己对壶子的论断。读者、列子和壶子都知晓季咸并未获得对壶子的正确认识，但季咸由于并不掌握任何主动权，故而只"以为弟靡，因以为波流，故逃也"。

对照"鱼之乐"中的惠子和庄子的观点交流，庄子哲学在这里呈现了两个冲突：首先，惠子并不认为人类主体能够得到有关客观事物

---

[1] 陈鼓应：《庄子今注今译》，商务印书馆，2007，第256-264页。

的绝对认识。然而对于季咸而言，不同的事物、不同的相状意味着事物本身有着不同的本质、名称和定义，可以以言语示其"实"——这是一种对世界现象和事物的本质主义的认识，通过某种方式得到有关于某物本质的确切认识之后，这种认识本身便成为一种普遍的真理，在所有的时空中都恒定为真。但在这个寓言中，壶子作为主动显露和主动更改"气机"的"被认识对象"，明确地呈现了季咸所持的本质主义真理看法的荒谬之处——世界中的客观存在作为一种坚实的、封闭的他者，总是不会向认识主体开放，或许人们视以为永恒真理的那个客观性质，仅仅是这个存在一刹那的闪现——《逍遥游》提醒过人们："楚之南有冥灵者，以五百岁为春，五百岁为秋；上古有大椿者，以八千岁为春，八千岁为秋。而彭祖乃今以久特闻，众人匹之，不亦悲乎！"[1] 总而言之，本质主义的认识方式，对世界中存在某种绝对性的、永恒性的真理观念的信念，二者都将导致人们走入一种迷惑和谬误的密林之中。

其次，第二个冲突的呈现在于，庄子非常闲适地发出感叹和言论，对自己的所感和所言抱着一种认为其真切却微弱的态度，绝不会将这种所感和所言上升为某种绝对性的认识或客观的真理；庄子仅仅是在享受与惠子进行一种真诚的交流，在享受对即兴遭遇的世界进行一种应机而生的解释。但对于季咸而言，客观的真理认识是绝对的、无法动摇的，故而当季咸发现自己对真理的信念产生动摇时，便无法面对这样的事件、这样的内在感受，便逃走了——如果深信不疑的具有权威性和真确性的真理都崩塌了，世界显露出与"给定的、必然的样子"不一致的地方，那么季咸对世界存在和自我的信念也危险了。

社会构建的话语权威性、必然性真理霸权对人们生命的伤害远不

---

[1] 陈鼓应：《庄子今注今译》，商务印书馆，2007，第5页。

止能够将一个季咸吓得逃走，最深刻和最出名的是"浑沌之死"。

"南海之帝为儵，北海之帝为忽，中央之帝为浑沌。儵与忽时相与遇于浑沌之地，浑沌待之甚善。儵与忽谋报浑沌之德，曰：人皆有七窍以视听食息。此独无有，尝试凿之。日凿一窍，七日而浑沌死。"[1]（《庄子·应帝王》）

这个寓言给人们的警示是：若是将某种必然性的真理霸权或意义霸权施加在个体生命上，那么这将是对自由生命存在的戕害——像前文提到的那样，人们只能过一种必然的生活，按照一种给定的生活方式展开实践，过一种思想和行动的自由皆受到极大限制的生活。

第二节　《庄子》的理想之境：
"独与天地精神相往来"

一、人性观念："安时处顺，反己不穷"

庄子哲学将"道"归于个体生命真实的身体化感知之中，这种将存在自身作为其唯一的根据的哲学看法，将人类从某种表象的观念存在的社会存在，转变为纯粹的个体存在。在这种转变发生之时，个体生命的一个存在要求便变得十分迫切：将被贬低的、被视而不见的"我的存在"，恢复到其原本的作为存在根据的地位上来。这也是庄子的

---

[1] 陈鼓应：《庄子今注今译》，商务印书馆，2007，第 265 页。

价值关怀立场的要求。

庄子在《庄子》书中总是快乐的，一贯按照自己的生命情意和私己的价值和审美行事，庄子对于"与造物者游""与外死生无终始者为友"有着不加掩饰的向往和热情。庄子笔下的人物也总与友人、世界自然、"物"进行一种纯粹的交往。[1]

比如，庄子享受与友人的真诚交往，在濠梁之上和挚友惠子同游，交流儵鱼出游从容，是否是鱼之乐也。在惠子死后，庄子用恳切又浪漫的语言表达了他对与惠子之间友情的激赏和怀念，感人至深：

"庄子送葬，过惠子之墓，顾谓从者曰：郢人垩慢其鼻端，若蝇翼，使匠人斫之，匠石运斤成风，听而斫之，尽垩而鼻不伤，郢人立不失容。宋元君闻之，召匠石曰：尝试为寡人为之。匠石曰：臣则尝能斫之。虽然，臣之质死久矣。自夫子之死也，吾无以为质矣，吾无与言之矣。"[2]（《庄子·徐无鬼》）

庄子对于妻子的感情也是含蓄而深广的。"庄子妻死，惠子吊之，庄子则方箕踞鼓盆而歌。"[3]（《庄子·至乐》）认为人的死亡并不是不好的东西，只是一种世界存在的变动，为妻子能够重回自然的根本而感到快乐："是其始死也，我独何能无概然！察其始而本无生，非徒无生也而本无形，非徒无形也而本无气。杂乎芒芴之间，变而有气，气变而有形，形变而有生，今又变而之死，是相与为春秋冬夏四时行也。"[4]（《庄子·至乐》）

---

[1] 王夫之云："道生于余心，心生于余力，力生于余情。故于道而求有余，不如其有余情也。……见其有余，知其能安。人不必有圣人之才，而有圣人之情。"（王夫之：《诗广传》卷一《论葛覃》，载《船山全书：第3册》，岳麓书社，2011，第301页。）

[2] 陈鼓应：《庄子今注今译》，商务印书馆，2007，第740页。

[3] 陈鼓应：《庄子今注今译》，商务印书馆，2007，第524页。

[4] 陈鼓应：《庄子今注今译》，商务印书馆，2007，第524页。

　　《大宗师》中叙述了数个恳挚的友情交往，朋友们彼此心意默契、诚恳真挚，互相关怀：

　　"子祀、子舆、子犁、子来四人相与语曰：孰能以无为首，以生为脊，以死为尻？孰知死生存亡之一体者，吾与之友矣。四人相视而笑，莫逆于心，遂相与为友。"[1]（《庄子·大宗师》）

　　"子桑户、孟子反、子琴张三人相与友，……三人相视而笑，莫逆于心，遂相与友。莫然有间而子桑户死，未葬。……子贡趋而进曰：敢问临尸而歌，礼乎？二人相视而笑曰：是恶知礼意！"[2]（《庄子·大宗师》）

　　庄子哲学毫不掩饰对一群人在一起进行真诚情感交流活动的欣赏和向往。[3]与真实的人展开真诚的交往——而非用"人我之分"的区别眼光看待个体所处的群体，将分类和评价的属性作为某个人的基本属性。无论如何，他人对我进行分类和区别，我又对他人进行分类和区别——这种分类的活动往往对真实的人性视而不见，那人与人之间要如何进行真诚的交往呢？

　　庄子笔下的人物常在天地之间悠游，享受与自然整体的和谐共在。"乘云气，骑日月，而游乎四海之外。"[4]（《庄子·逍遥游》）"不从事于务，不就利，不违害，不喜求，不缘道，无谓有谓，有谓无谓，

---

[1]　陈鼓应：《庄子今注今译》，商务印书馆，2007，第222页。

[2]　陈鼓应：《庄子今注今译》，商务印书馆，2007，第227页。

[3]　杨国荣认为，"《庄子》十分注重对话。通观全书，我们可以一再看到其以对话的方式进行批评或阐发某种观点。从虚构的得道之士，到真实的历史人物，对话者的特点、背景、个性，多样各异。这种多样性表现了社会交往过程本身的复杂性"。（杨国荣：《他者的理解：〈庄子〉的思考——从濠梁之辩说起》，《学术月刊》2006年第8期，第48-55页。）

[4]　陈鼓应：《庄子今注今译》，商务印书馆，2007，第28页。

而游乎尘垢之外。"[1](《庄子·齐物论》)"浮游，不知所求，猖狂，不知所往，游者鞅掌，以观无妄。"[2](《庄子·在宥》)个体生命能够在自然之中感受情意的自由生成和存在的无限可能，是"游"的所敞开的存在境域的特征。[3]

庄子哲学中的天地并不总是浪漫的、逍遥的，也会是艰涩的、漠然无情的：

"尝相与游乎无何有之宫，同合而论，无所终穷乎！尝相与无为乎！澹而静乎！漠而清乎！调而闲乎！寥已吾志，无往焉而不知其所至，去而来而不知其所止，吾已往来焉而不知其所终；彷徨乎冯闳，大知入焉而不知其所穷。"[4](《庄子·知北游》)

这是因为，庄子取消了对事物进行必然性真理认识的合法性和必要性，故当事物与其意义相分开之后，事物没有和任何的"人性"有所牵连，只余冷冰冰的"物性"，以一种空洞的无情来呈现自身。应该看到，庄子对天地万物的浪漫描述，也是一种个性鲜明的、寄寓了其本身浪漫情怀的产物，而实际上，万物在不同的人眼中呈现的侧面和气质都不相同。奥古斯丁认为，"人有开始的能力，因为他本身就是一个起点"，意识到这一点，解庄者便不会再将庄子的浪漫描述作为唯一的理想图景。而庄子也是支持这种"拒斥"的，每个人心中都有关于天地、关于社会世界和人生的想象图景，庄子鼓励每个人按照

---

[1]　陈鼓应：《庄子今注今译》，商务印书馆，2007，第 101 页。

[2]　陈鼓应：《庄子今注今译》，商务印书馆，2007，第 334 页。

[3]　在一种人与人、人与物的交互关系之中，主体得以将自己带入与"天道"的关联中，体验一种自由的畛域，见陈赟："对《庄子》而言，唯有通过上升之路而达成的主体性的自我转化，才能抵达真正的无待自由，这就要求主体将自身居留在天人之际的纵向性的居间体验中。""居间体验"联系天与人，沟通在我者与在外者。（陈赟：《"居间体验"与人的自由》，《人文杂志》2020 年第 7 期，第 57-68 页。）

[4]　陈鼓应：《庄子今注今译》，商务印书馆，2007，第 663 页。

自己的理想和价值去生活和实践，创造独特的、美丽的事物，从事浪漫的、愉悦的实践，与不同的人交游，与天地共老。

庄子哲学对人类存在最本质的关切，是为普遍生活在同一社会中的生命个体存在，敞开一个彼此皆可自由地生成是非、自由地解释世界、自由地按照自己的生命情意进行实践的场域。

庄子对于战国以来的政治并不满意，在庄子对人们的价值观照立场看来，在这种政治之中，宰制力量利用语言对社会全体成员进行符号统治，褫夺了个体生命的存在价值和自由。社会将具体的身份和属性强加给个人，也同时强加给其他人——他人期待他实现他的本质。这就意味着，特定文化意义上的能力与身份属性意义上的能力之间存在着某种"存在"和"本质"的关系。换句话说，某种文化意义上的能力需要与特定的社会等级相匹配：只有那些被认为"应该"拥有这种能力的人，才能真正获得这种能力；只有那些被认为有资格拥有这种能力的人，才会感到自己有权获得这种能力。如，在官方记载的、普遍流通的"圣王治天下"的神话传说中，治国理政的位置始终把控在圣王的手中，治国理政的能力、谈论政治的素养和处理人事政务的贤德被认为是圣王所独有的，人们希望圣王实现这种特别的能力，实现其通过权威话语所承诺的"治天下"。而对于庶民则无此期待，其本质规定决定了是他不够格进行这种工作、不够格拥有这种能力的。再如，人们希望所有具有某种伦理身份属性的人，能够实现其"应该"实现的身份能力，作为父亲能够完成"父亲"的身份能力，作为兄弟能够完成"兄弟"的身份能力。普遍观之，这种"本质"是被固定的、给定的和被言语所赋予了具体内容的。

然而，在庄子哲学和其他闪耀着人文关怀的哲学之中，能看到情况已经发生了变化。特定文化意义上的能力之于身份属性意义上的能力，其紧密联结的关系随着事实上众人对其信念的破产（源于对这个信念的体验逐渐减少）而逐渐放松，乃至被无视了。这表现为，一是，给定的"应该"实现的"本质"，其说服力在逐渐下降，人们对社会世界中某种"本质"的实现，即"存在"的状况有所洞悉，这种"本质"显然已经不再符合当下的潮流，不再"实用"——在社会之中，一部分人依靠作伪、矫揉造作和欺瞒便可以获得象征利益，同时另一部分人无论如何也无法得到象征利益，则在一种现实主义的基础上，将这种"本质"规定还原为某种形式上的规定，在生存中按照一种最低级的安全和实用的形式行事，拒绝繁文缛节、拒绝陈词滥调。二是，这种为权威话语所规定的"本质"，人们所期待自己和他人所实现的他的"本质"，已经今非昔比了：这种文化意义上的"本质"不再与某种特定位置、特定伦理身份所关联，而是逐渐推广于一种普遍的人性之中。换句话说，人们对于命运所必须承当的、"必然的选择"的看法，已经从某种对强制规定的适应必然之事、接受必然之事、顺从不可避免之事，从一种基于实用主义和功能主义的，对必然强制规定的顺从，转换到了一种试图对某种艺术、某种更具有创造性的价值进行追求，转换到了一种对于不符合给定的权威话语的、取消分隔群体性质的认同普遍人性的追求上来，其趋势是一种浪漫主义的态势。[1]

在《庄子》"问道"寓言之中，常常出现的被问及"道"之内容的人，其身份是卑微的、默默无闻的甚至低贱的，然而却被拥有天下

[1] "没有比自由的原则更高的理性原则。……比一切人的自由的原则更高的原则，是不可想象的。我们也正是从这一原则出发理解现实的历史：把它看作为了自由而进行的永远更新、永不完结的斗争。"（伽达默尔：《科学时代的理性》，薛华等译，国际文化出版公司，1988，第8页。）萨特的观点是，自由不仅构成了人之为人的基础，而且自由与人的存在是一体的。雅思贝尔斯提出："只有在我实施自己的自由的时刻，我才完全是我自己"，"自由就意味着成为一个人的自我"。（罗洛·梅：《自由与命运》，杨韶刚译，中国人民大学出版社，2010，第7-8页。）

的王者所问道，即是说，在此中特定话语所规定的、文化意义上的能力，逐渐与特定的身份和属性、特定的社会位置相解绑，解放出来的是对人性的普遍的平等认识。人们期待圣王实现自身的贤德、实现处理人事政务的能力，而圣王自身谦虚地向无名之人请教治天下之道，如此"不耻下问"的景象在历史意象之中是突兀的、特异的，之前从未有在事务和声名上无所建树的人成为圣王请教治天下之道的对象。如在庚桑子使得人们收获颇丰，在治理上有所建树之后，其"治"有所彰显，得到了众人的认可，故众人推举庚桑子为王者。在"问道"的寓言中，被信任为拥有治理天下智慧和能力的人，并非传统的、常规的、已经有现实功绩的人，这即是对历史中形成的客观强制分类进行了无视和忽略，不再如法定的秩序和权威的话语为他们下定义那样对他们进行特殊具体的期待，允许甚至视为理所应当的是不具名的平凡人士也能拥有高洁的品格、高深的智慧和参与政治言说的禀赋。即是说，拥有"道"的人无需拥有某种资格，如客观上可分类的实践上的功名、经济水平高带来的在教育文化水平上拥有超高水平、广泛的社会荣誉声名及地位等，换言之，人人皆可"有道"，人人皆可为圣王所不耻"问道"的对象——在人人具足完满地拥有对"道"即生命真理经验进行自觉和明证性禀赋的意义上，蕴示了一种普遍平等的觉悟：人性本身从无分别，任何群体的从属、客观的划分、历史赋予的责任和义务都是不合法的、虚构的；同时，人性平等的宣言开启了一种毫无窒碍的实践场域：人只需要根据实在的、本真的存在进行感知、经验和实践，这是"有道"，一种具有"反己而不穷""无求，无失，无弃，不以物易己"[1]（《庄子·徐无鬼》）内涵的"大备之道"。

　　庄子哲学对人的普遍存在禀赋的肯定与对人性作平等主义的理解，

---

[1]　陈鼓应：《庄子今注今译》，商务印书馆，2007，第747页。

在思想史上是极为难得的。

对人的"本质"的规定向来与社会利益结构和统治秩序深入绑定，即利用话语分配规定的宰制者，惯于根据对社会资源、社会位置等具体利益的考量而定制出层级分明、伦理有序的象征秩序，人人在其中获得与社会位置相匹配的利益和意义。在历史和集体的实践中，人们在社会中的实现可能，即被允许和鼓励的行为，总是与隶属或不隶属的利益相关，与其所处的群体的利益和被规定的社会功能相关。这是客观的划分及其给予的特定意义所默许的一种契约——一种构建秩序、恢复秩序、保证秩序的契约，也是对社会成员对秩序怀有信念和期待的无情要求。而在庄子所蕴示的新的政治文化之中，象征利益和意义的分配局面和社会客观划分出现了根本的动摇。庄子哲学取消了对于血缘关系划分的强调，忽略了社会位置高下之分——由此，完成了对这种通过合法话语和合法划分完成的社会契约的解构。

观与庄子同时代的文化与哲学，与这种肯定人性之普遍平等的政治文化具有同一性的，是孟子所说的"人人皆可为尧舜"及"四端之心"之说。孟子的道德哲学，通过阐述生命个体拥有普遍统一的、圆满具足的道德本体"四端之心"，在人人皆有道德良心、具有道德做功的潜能和天赋的意义上，实现了将人性作普遍平等的看待。人人皆可依据内在性的道德本体进行自觉和明证，通过道德用功实现创造性价值、实现涵养道德之美的人生，这相当于在道德的层面，揭示了人作为自己本真和实在存在根据的明证性。

只是，对于"人人禀赋道德本体"的阐述显而易见的危险在于，一旦道德学说被推广作为政治领域施行强制规范的正当性来源，即混淆和假设了个人欲求与社会规范的吻合，将这种哲学上构建的道德本体论强加在每一个个体之上，成为某种强制的属性或"本质"要求，如果个体未能实现这种道德本体论的要求，表现不符合社会的规范，就会被宣判某种暴力对待——这种情形下，实际只是调整了人作为社会存在的具体的结构规定，其借助话语的力量造就一种给定的现实的象征暴力本质仍旧不变。

二、政治想象："名实不入，同乎天和"

庄子哲学蕴示了一种普遍平等的新的政治、文化和伦理。在这种新的政治想象中，最突出和最根本的特征是：世界之中不再有结构性的暴力、强式真理的阐释暴力，生命个体拥有普遍的、平等的实践自主和意义生成的自由。

在庄子哲学敞开的新的对未来的想象之中，没有一种一贯的"道"，没有对世界运行的终极普遍的秩序想象，也没有确凿无疑的分类图式和阐释话语，一切话语和观念都无足轻重。一切的集体实践都归于个体的意愿和选择，不存在有集体的暴力、从众的暴力；一切的实践都从现实的实在经验出发，而不是从一种象征的思维出发。

"北宫奢为卫灵公赋敛以为钟，为坛乎郭门之外。三月而成上下之县。王子庆忌见而问焉，曰：子何术之设？"奢曰：一之闲，无敢设也。奢闻之，既彫既琢，复归于朴。侗乎其无识，傥乎其怠疑；萃乎芒乎，其送往而迎来；来者勿禁，往者勿止；从其强梁，随其曲傅，因其自穷。"[1]（《庄子·山木》）

这是庄子所理想的社会政治生活的典范：将社会结构自身的暴力和划分消解了，即将客观的限制解除了，同时将社会划分所归并的分类图式也消解了，即主观不带有任何的分类认识和价值分配，没有相

---

[1] 陈鼓应：《庄子今注今译》，商务印书馆，2007，第588页。

关的实践设想。政治话语并不具有天然的、强横的暴力，而是一种平实的、倡议的语气；政治话语不再是某种结构暴力施虐、谋利的工具形式，而仅仅是还原为实践的倡议，一种意愿的表达，不带有任何胁迫和恐吓。

从北宫奢这个理想政治的例子中可以看出，庄子认为需要节制对于"道"之某种理想秩序的追求，每个人都需要反思理想目标的设置是否有可行性和合理性。大卫·格雷伯提到，"一切权力归于想象力"的精髓在于，借鉴语言和思想，"这个世界背后隐藏的终极真相在于它是由我们创造出来的，而我们很容易将它改造成不同的模样"。[1]

所有的有创造力的观点，都不可避免地包含一种动员力量和一种存在要求，具有想象力的人们总会有人被这种观点所触动，而动员到某种处于潜在状态的力量的群体，则拥有了实现这种观点的实在力量，人们会实现话语的力量，创造行动。这是政治力量的确认，但政治力量意味着权力的争夺，对于庄子而言，有关公共权力和结构暴力的东西，总是需要消解的。

故而，庄子哲学仍然更愿意保持敞开每一个私隐想象力的境域，无人保持沉默，无人被迫保持沉默或是让他人代替自己发声，在政治上每个人都是一个独立的政治力量，这样才能够避免权力的集束。将想象力疏散在个体的思想境域之中，亦是将政治力量疏散在个体的掌握之中。人们都拥有决定自己的权力，拥有不做什么和做些什么的权力，不用惧怕被裹挟进某种不得不屈从的暴力情境之中。即是说，作为社会中的一分子，我们每个人都需要对这个世界的现象与创造实践进行独立的思考、独立的反思，这是个体的权力，也是参与社会的成员之

---

[1]　大卫·格雷伯：《规则的悖论：想象背后的技术、愚笨与权力诱惑》，倪谦谦译，中信出版集团，2023，第 81 页。

义务所在。[1]

"鲁侯曰：吾学先王之道，脩先君之业；吾敬鬼尊贤，亲而行之，无须臾离居；然不免于患，吾是以忧。……不免于罔罗机辟之患。是何罪之有哉？其皮为之灾也。今鲁国独非君之皮邪？吾愿君刳形去皮，洒心去欲，而游于无人之野。南越有邑焉，名为建德之国。其民愚而朴，少私而寡欲；知作而不知藏，与而不求其报；不知义之所适，不知礼之所将。……人能虚己以游世，其孰能害之！"[2]（《庄子·山木》）

这里，首先是鲁侯表达了对结构及符号暴力的有意识的忧患——作为一个在社会结构中占统治地位的统治者，依然会有这种担忧和焦虑，这种结构的暴力是可怖的，个人在其中的优势地位随时可以发生变动，从而陷入某种危险和灾患之中。那被统治者的处境便更加严苛："其皮为之灾也"，个体在社会结构之中，和山野河泽中的动物并无差别，作为被统治的个体，只能接受被剥削、作为工具为统治者谋利的命运。

市南宜僚揭示的"南越建德"亦是一种理想的政治状况，此间的社会成员不知"义"、不知"礼"，实践和生活风格也是别具一格，与现今状况毫无相似之处，主体心灵也享有一种轻松自在之乐。

庄子哲学认为实现这种理想社会政治状况的实践方案，落于改变个人的性情倾向，消解个人的分类认识。至于相配套的物质生存条件，

---

[1] 赖锡三认为，"《庄子》并未反对事亲、事君这些'君臣无所逃于天地之间'的伦理事行，更从未抑制饮酒之乐、也未截断处丧之哀等等自然人情流露的有情人生"，"因此《庄子》绝非主张我们可以完全取消政治、社会、文化的符号身份性，而是要对身份背后的语言实体化、权力宰控性，进行批判转化的更新治疗。"进而指出《庄子》乃是批判"结构"并非走向"反结构"，而是要进入"非-结构"的吊诡性思维，也就是"在结构中不断转化结构"的"虚而构之，构而虚之"的两行能力。（赖锡三：《〈庄子〉对"礼"之真意的批判反思——质文辩证与伦理重估》，《杭州师范大学学报（社会科学版）》2019年第3期，第1-24页。）

[2] 陈鼓应：《庄子今注今译》，商务印书馆，2007，第583-584页。

以及对被统治者的政治动员，在庄子看来是毫无必要的。个人的社会世界的认识发生自我革命，进而对自身的社会构建的实践进行调整，换句话说，当个人的认知和行动的图式彻底解除了对社会世界客观划分的归并原则的依赖（毋宁说整个图式都是从这种归并中建立起来的），那么其构建的实践便不再是对这种社会构建原则的自我复制，而是一种整体归主体所有的实践，在这种实践情况下，个人的自我革命积累到某一个可观的数量后，确实能使得那种依靠强大的构建惯性进行自我生产的社会构建系统自行瓦解和崩溃——由于缺乏动力和再生成的条件。即是说，庄子哲学主张社会改革始于自我革命，认为自我开显是人们走出社会文化桎梏的可能出路。

庄子这个政治提议，撕开了现有实践构建系统的自我矛盾、荒谬和残酷，提出向无人昏幽处求索人类本真的实践创造的实践意向——群体自我革命的唯一可能形式是从独立个人的自我革命开始。略显无奈的是，在群体之中进行自我革命的生活和实践是困难的，庄子并不避讳谈到对于群体生活的悲观看法："故有人者累，见有于人者忧。"

庄子认为人们在社会中生活，需要"皆进其独志""虚己以游世"。个体生命需要增进独化的心志，坚定一种个体主义的社会生活，个人决定自己的实践意志和价值要求等，无所谓社会一致的价值话语及伦理要求等，无所谓对仁义礼乐的高谈阔论，各人践行一种不受社会和他人、不受历史和社会分类影响的独立生活方式——做一种"明"的工夫，坦然面对人事，有所克制地接纳和把握应机而来的变化。

生活在集体和社会之中，理所应当的事情是人的行动总是一个在人群中的行动，有相应的社会规则要遵守，有相应的社会观念要照应，也许有意见不同者会阻拦，或有可能招致人们慕名而来追随。他人的观念和他人的行动、社会的观念和社会集体力量等等，有好的、有坏的，有奖赏的一面、有阻碍的一面，都不可避免地会对个体的生活造成影响。无论如何，这些应机而生的影响，都是个体无法动摇的。大声呼喊、急忙躲避，都无法使得这些社会性的客观存在泯灭于个体的生活之中。

若是把握不住对外事、外物的思虑和情感，失去自觉的控制，便会使得这些客观的社会事件和存在对心灵和生命造成阻滞和残损，如《庚桑楚》中：

> "不见其诚己而发，每发而不当，业入而不舍，每更为失。为不善乎显明之中者，人得而诛之；为不善乎幽闲之中者，鬼得而诛之。明乎人、明乎鬼者，然后能独行。"[1]（《庄子·庚桑楚》）

做坏事的人还在乎做完坏事之后会遭到社会的制裁或良心的谴责，担忧如何在明目张胆地作恶和私下作恶之中选择一个合适的尺度——倒不如索性坦然地面对"人"和"鬼"，坦率地承担和接纳实践与行动所带来的社会性的反馈，承担心灵在社会文化的影响下应机而生的各种情绪，冷静地、克制地与之保持一定的距离，明了荣辱外物不能擅动我私己之情意，与物顺应相终始，以一种"明"的作风和品质来保持个体生命和心灵自觉的自主性和完整性。"与物穷者，物入焉；与物且者，其身之不能容，焉能容人！不能容人者无亲，无亲者尽人。"[2]（《庄子·庚桑楚》）若是和物相龃龉，不能容人，模糊了人事和天然的边界，以某种自以为是的观念和执着，驱使自己的心意和情绪陷入我与人、我与物的战争之中，"兵莫憯于志，镆铘为下；寇莫大于阴阳，无所逃于天地之间。非阴阳贼之，心则使之也"[3]（《庄子·庚桑楚》）。便无异于用尖锐的神兵利器伤害自己的心意，更甚于天地

---

[1] 陈鼓应：《庄子今注今译》，商务印书馆，2007，第 701 页。

[2] 陈鼓应：《庄子今注今译》，商务印书馆，2007，第 701 页。

[3] 陈鼓应：《庄子今注今译》，商务印书馆，2007，第 701-702 页。

阴阳之气对人的伤害。

庄子关注到，许多人拙于应对来自他人、集体或社会的"反馈"，即他人的反应、称誉、意见等，将他人的评价和分类作为某种需要大力应对和招抚的东西，将生命的精力都倾洒其中，如《庚桑楚》中：

"羿工乎中微而拙乎使人无己誉。圣人工乎天而拙乎人。夫工乎天而俍乎人者，唯全人能之。唯虫能虫，唯虫能天。全人恶天，恶人之天？而况吾天乎人乎！"[1]（《庄子·庚桑楚》）

顺从天然禀赋的能力和特质，在一些行动上展现出超凡绝伦的技艺、精湛无比的身体控制能力或思虑智慧，行动契合天然则毫不费力，仿佛唾手可得。与此同时，拙于应对来自他人的赞誉是很自然的事情，不必过于放在心上——因为即便是圣人也没法做到，可能只有全人才能完成吧！而全人做到同时契合天人的原因，在于不起分别，不将人我、天人进行区分。对于一切外在的存在和事情，都不动心，乃"工乎天而俍乎人"。[2]

客观的存在是不以意志为转移的，理想的状况不总是有实现的可能性的。

"道通。其分也其成也，毁也。所恶乎分者，其分也以备；所以恶乎备者，其有以备。故出而不反，见其鬼；出而得，是谓得死。"[3]（《庄子·庚桑楚》）

任何事物有分就有成，有成就有毁。有所"成"，即有所行动、

---

[1] 陈鼓应：《庄子今注今译》，商务印书馆，2007，第715页。

[2] 袁艾认为，庄子之"安"的概念，启示人类主体"不要因为无可奈何之事而让自己的内心受到情感的波动，从而出现过分哀伤和喜乐等影响身体的情感。它要求我们要做到'哀乐不易施乎前'，无论世事如何运转我们都要能够保持内心的平和与宁静"。（袁艾：《论〈庄子〉之"安之若命"》，《武汉大学学报（人文科学版）》2015年第6期，第53-58页。）

[3] 陈鼓应：《庄子今注今译》，商务印书馆，2007，第705页。

有所实现，那么"分"便已是客观的事实，此时再要求"备"、追求"全"，便是要求一种不可能的倒转。而若是有所"成"，更要求不有所"毁"，这种对"备"和"全"的要求自身更是一种不可能同时实现的悖论。在实际的人事之中，多少人没有对自己的希求和理想进行冷静的判断和反思，反而是不断要求一种不可能的"圆满"理想，实在是步入死地了。

《庄子》讲求"天人合一"，强调的并非对天然和人为之间的区别，而是对区别、分类、分别这个活动和差异性本身的超越。从事情的发生、存在的奔涌的角度看，无论是人为的、还是天然的，事情既然已经发生了，就失去了区别人为或天然的意义和必要性。从情感上仍然执着于曾经发生的事情，仍然执着于过去的天人之分，那当下的行动就要受到窒碍，当下的心意也会被约束在过去之中，此间困苦不必说，更遑论其意义何在。

"介者拸画，外非誉也；胥靡登高而不惧，遗死生也。夫复謵不馈而忘人，忘人，因以为天人矣！故敬之而不喜，侮之而不怒者，唯同乎天和者为然。"[1]（《庄子·庚桑楚》）

《庚桑楚》中提到的受刑刖足的人、徒役的人，超然于毁誉与生死之外，不拘于社会之中不得已的事情、不得已的流俗判断，关注当下的存在和世界，这便是"天人合一"了。

"楚王与凡君坐，少焉，楚王左右曰凡亡者三。凡君曰：凡之亡也，不足以丧吾存。夫凡之亡不足以丧吾存，则楚之存不足以存存。由是观之，则凡未始亡而楚未始存也。"[2]（《庄子·田子方》）

在《田子方》中，对于社会划分的角色、属性及分配等，凡国的

---

[1] 陈鼓应：《庄子今注今译》，商务印书馆，2007，第 717 页。
[2] 陈鼓应：《庄子今注今译》，商务印书馆，2007，第 640 页。

国君却不以为意，并且认为外在的、周遭的倾覆改变都不动摇自身的存在体认，即是说，其自我存在的体认并不是靠客观社会存在来挺立的，而是从其精神自我而立。[1]人们总是在社会中找到自己占据的位置，并将此位置作为立身、行事之根本，当此社会背景改变或坍塌时，将会给其自我认识带来强烈的动摇，甚至产生自我保全的精神危机，或者产生忧患意识、紧张焦虑，乃至失去自己。然而人之"所是"和其"所有"并不全部悬系于其所占的社会位置上，而是从其自身的生命存在而来，仅仅从其自身而来。

圣人如何应对世界的变化呢？

"有乎生，有乎死，有乎出，有乎入，入出而无见其形，是谓天门。天门者，无有也。万物出乎无有。有不能以有为有，必出乎无有，而无有一无有。圣人藏乎是。"[2]（《庄子·庚桑楚》）

在圣人看来，世界之中有生有死，有出有入，变、化、分、别皆不见其形，这便是"天门"，"无"和"有"的统一。这即是说，人们无论是执着于"无"还是执着于"有"，都是无法以主观的意志撼动世界的变化和自然的生发的，世界和人事本身就是"有"和"无"的统一体，无论是"无"还是"有"都是很稀松平常的，不必因为未能实现心中所愿而感到失落和沮丧，这种"愿"自身也不会总是"有"。

在社会集体之中生活和实践，必然需要与"抽象的人"和"抽象的物"打交道，这是历史和集体意象的产物，交织在人的日常实践和伦理政

---

[1]　"除了人本身之外，谁还能提出并且解答'人是谁'这个问题呢？但由此就可以推出对人之本质的规定也只是一种对人的人化么？也许是这样。甚至，它必然是一种人化——在人的本质由人来完成这个意义上讲，它必然就是一种人化。不过，问题依然是：人的本质规定是把人人化了，还是把人非人化了。"（马丁·海德格尔：《尼采》上卷，孙周兴译，商务印书馆，2002，第353页。）

[2]　陈鼓应：《庄子今注今译》，商务印书馆，2007，第705-706页。

治生活之中。谨守天然和人事之分，恰恰是要警惕抽象的观念对于个体心灵的影响。在《养生主》中，老聃的丧礼上，秦失哭嚎三声便完成了凭吊，认为，"彼其所以会之，必有不蕲言而言，不蕲哭而哭者，是遁天倍情，忘其所受，古者谓之遁天之刑。适来，夫子时也；适去，夫子顺也。安时而处顺，哀乐不能入也，古者谓是帝之县解"。[1] 死生哀乐所有感受和认识皆顺于时、顺于宇宙天地的变化，这才是从抽象的秩序中获得"悬解"的办法。

智者与流俗之人的名利观念和行动策略是如此不同，在于二者进行判断和认识的根据并不相同：智者进行判断和决策的根据是内在的主体感受、真实的生命经验及对自身身体和所处境域的感知和判断，而流俗之人进行判断和决策的根据是外在的普遍意见、历史沿袭的和集体共享的意象及某种试图设身处地的臆想和信念。简言之，名利是世俗认为好的，常人便认为好，而智者则不为世俗普遍意见所迷惑，从生命的本真感受出发来衡量名利的价值。

政治的设计和推进活动也应当不断进行反思和消解。设计是一种抽象与经验、思辨与创造相结合的活动。在庄子看来，创造活动是一种身体化的活动，是一种当下的、即时的、天人互动的活动，不能超出时间和空间、超出身体来言说创造。即是说，政治调控活动也是一种当下的、即时的、天人互动的活动，不能笃定思维所绘就的政治历史蓝图或路线是某种真理性的存在。创造是通过实践弥合即时的一点未来，除此之外，无能为力；然而这一点的开启未来的实践也足够了，

---

[1] 杨国荣认为，庄子这里表达的："一方面是外在时命等所构成的存在背景，另一方面则是安时而处顺的人生态度，二者既表现为内（精神的超脱）与外（现实的情景）的互动，又展开为特定历史境域与个体自我选择之间的统一。"（杨国荣：《"时"·历史·境遇——〈庄子〉哲学中的时间性与历史性问题》，《天津社会科学》2006年第5期，第27-32页。）

我们坚持不断地进行这种实在的工夫和实践，那便是，"指穷于为薪，火传也，不知其尽也"（《庄子·养生主》）。

三、实践观念："体尽无穷，而游无朕"

现有的秩序想象和分类范畴对人们产生了规定作用，但事实上，人们本该去规定它们。人们不能够再被自己所生产的——无论是不是通过想象性的阐释劳动——规定形式所劳役和囚困，人们需要找到人的位置，对这些既定的规定范畴和形式进行反思和超越，按照一种既克服形式又自我克服的原则，拒绝确定性的物化，将生命主体自身还原于一种无界限的、向可能性敞开的境况之中，还原于一种朝着实践、朝着当下的实在性现实敞开的境况之中。

螳螂捕蝉之寓言敞开了一个庄子政治哲学现实主义的实践观点：实践需要在一个当下的时空中进行，即时性的实在感受经验和征验的思维才能够帮助主体生成实践感悟和智慧，象征的观念是不可靠的，甚至会使人陷入危险之中。

"庄周游于雕陵之樊，覩一异鹊自南方来者，翼广七尺，目大运寸，感周之颡而集于栗林。庄周曰：此何鸟哉，翼殷不逝，目大不覩？蹇裳躩步，执弹而留之。覩一蝉，方得美荫而忘其身；螳螂执翳而搏之，见得而忘其形；异鹊从而利之，见利而忘其真。……今吾游于雕陵而忘吾身，异鹊感吾颡，游于栗林而忘真，栗林虞人以吾为戮，吾所以不庭也。"[1]（《庄子·山木》）

在这个螳螂捕蝉的寓言中，庄子哲学区分了"俗"和"真"，在这个语境中，"俗"是一种象征思维之误识构成的生活，"真"是一

---

[1] 陈鼓应：《庄子今注今译》，商务印书馆，2007，第 605-606 页。

种当下即时的和天人互动的生活："方得美荫而忘其身""见得而忘其形""见利而忘其真""游于栗林而忘真"，意即二者是相违背的，需要按照"真"来行事，按照一种对现实世界的身体化感受性真理来判断和决定实践的方向，显示了庄子政治哲学的现实主义立场。

最能显示庄子现实主义的实践观点，是庄子对于丧礼的看法、对于死亡的看法：

"庄子将死，弟子欲厚葬之。庄子曰：吾以天地为棺椁，以日月为连璧，星辰为珠玑，万物为赍送。吾葬具岂不备邪？何以加此！弟子曰：吾恐乌鸢之食夫子也。庄子曰：在上为乌鸢食，在下为蝼蚁食，夺彼与此，何其偏也。"[1]（《庄子·列御寇》）

庄子在此显示的是对象征化生活的不屑一顾。既然都是一种象征性的意义，那么日月星辰作为陪伴的死后生活，其美也不少于用社会流俗的礼仪来显示对死亡的尊重。[2]

故随后庄子说道："以不平平，其平也不平；以不征征，其征也不征。明者唯为之使，神者征之。夫明之不胜神也久矣，而愚者恃其所见入于人，其功外也，不亦悲乎！"[3]（《庄子·列御寇》）用无法征验的象征思维进行一种意义的分配，既然是无法征验的，那么其意义也是没有根据的意义。无论是丧礼还是其他的礼仪，假如没有真实存在的根据，没有实在经验层面的价值感受作为根据，那么这种礼仪便是一种虚伪的文饰。愚昧的人坚持用流俗的"明智"来作为行动的根据，

---

[1] 陈鼓应：《庄子今注今译》，商务印书馆，2007，第976页。

[2] 《庄子》挑战丧礼的故事，后来常成为文人思考情礼辩证的灵感启发。例如，魏晋文人阮籍等人在丧礼过程中，以不合礼俗的行为，突显个人殊异而至真之情。（余英时：《名教危机与魏晋士风的演变》，载《中国知识阶层史论：古代篇》，联经出版事业公司，1984，第329-372页。）

[3] 陈鼓应：《庄子今注今译》，商务印书馆，2007，第976页。

实际上已经偏离了生命的本真形式，这是一种可悲的事情。

庄子哲学言"神者征之"，即提倡一种征验的思维，强调真实意义的实在感受经验对象征意义的解构，通达一种现实主义的实践观念。

征验思维关注的是当下流变的世界，关注身体经验、自我经验和实践理性，对世界的认识从对世界的实在经验而来，切身的实在经验是优先于对世界的观念的。而象征思维关注的是永恒的、真理的世界，关注对世界的秩序认识、本质认识，对世界的分类、规定和意义赋予等抽象形式的认识活动。

首先是，征验的真理经验，如对于"正味""正色""正处"等的揭示，通过身体真实经验体会到的生命真理，从身体化的感受之中、从实践之中而来的对世界整体、社会交往和自我生活的感悟和理解，成为征验给定观念的根据和材料。通过征验的生命经验得到征验的分类判断和观念认识，显得更为可靠。尽管是私隐的经验，是某种特殊的、具体的真理经验，不足为外人道，但对于头脑中对于分类的判断、行动的考虑等，却具有非凡的效用，远比共识之中缺少细节、语焉不详的实践真理更具有可行性和效用性。从这一点看，征验的行为对于自我意识的肯认和发展，对于个体认识意志和规定意志的生发，有着极其有力的促进作用。将征验思维作为个体的强的思想配置的一种，能够极大地使得人类认识自己的存在特征、挺立自己的存在意志。[1]人人都可以按照实在的、征验过的认识真理和实践方式进行存在的活动，享受人类智性的美和馈赠。

---

[1] 恰似梅尼克对历史主义的反思："不再承认历史中坚固的和绝对的东西，而是在它的思想游戏空间中赞许地宽容一切思想生命和一切个体的生命倾向，理解一切，宽宥一切，但结果就像老狄尔泰所说的，一切都将陷入一种'信念的无政府状态'"。"在相对化一切事物的历史主义中必然存在着某种腐蚀性的毒药。"（弗里德里希·梅尼克：《历史主义的兴起》，陆月宏译，译林出版社，2010，德文版导言。）

其次是，征验观念和感受的过程中，人们认识到了观念可征验的重要性。一方面，观念的正当性来自象征意义和道出真理的主体权威性，是远远不足够的——一旦觉察自身征验经验对于观念的证成作用，就再也不满足于无需征验、无法征验、凭借普遍性横行于世的象征真理。另一方面，征验是一种从经验而来的，去赋予规定和意义的行为，是一种在世界之中切实发生的、自主的、翔实的认识过程。而相对地，象征的使用却是一种效仿、对应和惯习；换句话说，使用象征思维的过程中，其自身是从外在的、客观的精神中，进行意义和规定辨认与对应，不涉及主体的认识意志和规定意志。从象征秩序的构建者的角度，主体的认识意志和规定意志最好不发挥作用，因象征秩序是一种朝向普遍性、一致性的社会文化形式——通过左右人们的思维方式操纵人们的行为，进而宰制力量得以谋利。在这种从宰制力量的利益出发的文化构建活动中，贬低主体认识、泯灭主体自由选择和规定的意志，具有必要性；因此，宰制力量总是通过言语说教、社会奖惩体系等，千方百计地窒息个体自主认识和规定的能力、可能性和实践空间。可以说，宰制力量凭一己之力，构成了无法征验的、无需征验的象征思维体系，同时也倾尽社会组织和暴力资源，来维系社会成员对象征思维的一贯信念，维系象征秩序的有效性和神圣性。

对于象征思维之无法征验性的揭示，是对于象征秩序形式之虚幻性质的强力爆破。人们长期浸淫在通过宰制权威和历史集体意象赋予真理性的象征思维中，习以为常而难以看穿其虚幻性。然而，一旦切身感受到了征验行为被实在的观念认识所赋予的真理性和合法性之富足和真实——由身体化的生命经验进行征验和证成的真理认识，其实在性是如此地天然具足、令人安心愉悦，那么人们便无法再满足于虚幻的象征体系和观念集合。人们将迫切地想要从象征思维的幻相和束缚中解脱出来，自由地体会人类智性天赋，自由地寻求真理的证成和征验。人类对真理的向往是一贯的，解除了对人们思维向来紧缚的枷锁，人类将在文化创造和实践创造的活动中高歌前进、一往无前。

征验的思维意味着生命存在是自己的存在根据，要求存在自身不间断地对自己的存在负责，这意味着个体存在需要不断作出反思，承担自己的责任，作出自己的选择。任何废止自我责任、停止生活创造的念头，都是危险的。这样一来，个体生命需要不断地展开为自己负责、生成实在的实践，这种实践观点提示了人的存在目的——人的生命本身即是存在的目的，除此之外，不再有目标意义或由目的论引向终点的意义。

人是自己的目的之在，这意味着人们的存在目的是一种自主的生活——生活的所有方面都有待个体生命去接触和认识，所有的边界都有待个体生命去探索、扩张和超越。人必须面对世界，回答使自己成为什么的问题，让世界充满意义，形成有意义的生活——这是自由也是责任，要有热情，无需逃避，不可逃避；这亦是"人之为人"的根底所在，人要求成为自己，人拥有超越自己及其当下处境的能力。

意义范畴本身是具有偶然性的，想象性的形式构造也是具有虚构性的，人们最终都需要直面一个无意义的世界，需要实在地生存在一个没有目的、没有意义的世界，直到人们从这种渺小的感觉中振奋起精神来，在自己的实在生命之中、在微弱的真理经验之中，找寻和理解自我在事物秩序中的位置，说些确切的知道的东西。

人们如果失去对秩序想象的信念，失去对社会身份的认同，不再处于社会群体之内，危险的想法是——那我只好完全地放任自流，走向某种道德意义和社会意义的自杀，内心生活找不到寄托。如魏晋时期，最有名的那些放浪形骸的名士。人们需要知晓自己所在何处、去向何方。

即是说，人们需要持续地发生真理经验，发生和创造真理，唤起自己的人性。无论是选择像赫勒[1]与费赫[2]所认为的那样，将自我规定视为是自我作出的规定，以规定的生成为目标，还是按照马费索利[3]所认为的那样，将自我规定视为是一种没有穷尽的自我进行规定的过程，即将这种规定设为缺乏目标的活动，都是在实现人类独立自主的创造力。并且，不论是将自我规定视为是一种可以有终点的活动，还是将其视为一种不断自我反思超越、没有满足的活动，都是肯定了人类生命个体是有能力去进行规定自身的活动的——如道德上的能力、理性理解上的能力、劳动的能力等。人们是自我生命的塑造者，需要通过体验和实践，成为自我打造的人，为生命赋予某种宗旨和背景，掌握自己的未来。

这样一种自我塑造、自我定义、自我价值创造的人，必然会独自面对世界。在这种对世界、对生命存在的理解中，世界被视为一个"背景"，是我们未知可能性的舞台。在这个背景之中，个体力图实践一种自我决定的道德，因此庄子哲学也主张一种强调偶然性的伦理。

庄子用私己的存在体会来展开生活、展开对自己丧礼的安排，对世俗的象征利益和符号分类毫无兴趣，认为用一种纯粹的内在性想象

---

[1] "如果一个人是其所是，并且只是其自己，是特质的、独特的，那么这个人就是一种性格。美的性格就像这样。"（阿格妮丝·赫勒：《个性伦理学》，赵司空译，黑龙江大学出版社，2015，第335页。）

[2] "没有生活智慧，对品格德性而言缺少追求幸福的手段；没有由品格德性所规定的基本定位，生活智慧便无法帮助人们过上一种成功的及幸福的人生。唯有这两者的有机结合才能使人获得幸福。"（Otfried Höffe, *Lebenskunst und Moral* (München: C. H. Beck Verlag, 2007), p. 95）

[3] "活在当下的延展（L'intensité/ in tendere）在过往中获其泉源，并允许未来能量的成长。这就是时间的链。是积极寻根（Enracinement dynamique）。"（米歇尔·马费索利、许轶冰、波第·于贝尔：《"生态哲学"：野性的力量》，《江南大学学报（人文社会科学版）》2013年第4期，第25-28页。）

逻辑来游于世界之中，才是自己的志愿所在。庄子曰：

"人有能游，且得不游乎？人而不能游，且得游乎？夫流遁之志，决绝之行，噫，其非至知厚德之任与！覆坠而不反，火驰而不顾，虽相与为君臣，时也，易世而无以相贱。故曰至人不留行焉。"[1]（《庄子·外物》）

"人有能游，且得不游乎？"直接地揭示了人是自由的所有物。世俗权力总是用一种客观分类的归并法则对人和物进行分类，这是一种强制和暴力，人是可以自由地用自己的度量和内在的纯粹感念来认识和评价事物的。就好像梓庆和其他用身体来感受、领会事物的真实存在那样。若以这种实践的观点来看儒家孟子"仁义内在"的主张和老子"无为自然"的主张，二者本质上都是一种对外在空悬价值的否定和替换，前者认为道德生活和仁义创造才是更值得争取的，后者认为体认天地万物之情是自然本性的流露，实际上都是按照一种内在的价值来进行生活和存在的道路——只要不流向某种固定的权力话语，化诸某种形式暴力，就是庄子哲学所支持的、有益的内在性领会。千人千色，人人都能够追求内心体认的价值生活，能够有所创造。

第三节　小结

在对"无名之道"的阐释中，可以看到，庄子强调个体生命的自在，强调生命在宇宙自然整体之中流化，主张消解名言、超越社会文化的暴力和束缚。庄子蕴示一种逍遥的"无名之道"，提倡个体追求

1　陈鼓应：《庄子今注今译》，商务印书馆，2007，第825页。

本真的"乐"与"游"，而非社会文化所规定的"隐于小成"之"道"。庄子认为，通过身体化的审美经验，个体能在宇宙间实现与万物共融的逍遥状态。在庄子的思想中，对"道"的认识是一种直接的身体感知，不依赖于社会文化的分类和定义。这种对"道"的感悟是个体创造性活动中的无言知识，是身体与精神的内在经验，不受语言和社会规范的限制。庄子倡导的是一种超越社会文化和政治的自由，期冀通过个体的直观体验达到与自然和谐的生命状态。

第五章

余论

先秦文化生产场中，诸子不断产生激烈的是非辩争。时代的话题围绕构建稳定的社会文化和政治展开，"正名"主题逐渐凸显出来，成为政治思想的风尚。当是时，私人话语日益风靡，在诸子看来，语言的混乱导致了政治的混乱——是故诸子提出"正名"以"拒邪辞、辟淫辞"，通过规范性的"名"的使用，实现秩序井然、人人各尽其名分的理想社会。可以说，"名"的流行，渊源于诸子对伦理和政治乱象的关注。

关于"名"思想的研究，牟宗三先生认为，"就儒家的春秋教言，其政教伦理之正名实，……本质即是义道之建立"。[1] 以名家为代表的"正名"则是"一般化、抽象化之纯名理之谈"。[2] 即是说，先秦"正名"思想有着两重向度，其一是政治伦理，其二是与认知相关的名实之辩。先秦各家名学对"名"的理解与分析不尽相同，在彼此的争锋和交流中辩证地展开。与诸子肯定"正名"的立场不同，庄子哲学对"正名"思想则抱持一种解构的态度，庄子在对"名"的阐发中揭示了"名"对存在整体的遮蔽，他试图在"正名"政治之外敞开一个新的政治和伦理境域。

诸子对于"正名"的内涵、操作细节、制度规划等有着不同的见解，展开了激烈的辩驳纷争。曹峰先生研究发现，"与'名'相关的话题，最为多见的是形名、正名、名实"。[3] 包括儒家、墨家、名家、黄老道家在内的诸子所普遍肯定的是，"正名"能够作为社会政治的"元制度"发挥语言的规范作用；换句话说，诸子广泛支持构建"正名"思想文化以引领社会成员的行动。在具体的政治环节之中，"名"亦逐

---

[1] 牟宗三：《名家与荀子》，吉林出版集团有限责任公司，2010，第 65 页。

[2] 牟宗三：《名家与荀子》，吉林出版集团有限责任公司，2010，第 65 页。

[3] 曹峰：《作为一种政治思想的"形名"论、"正名"论、"名实"论》，《社会科学》2015 年第 12 期，第 109-120 页。

渐跃升为政之先，如《左传》中："夫名以制义，义以出礼，礼以体政，政以正民"[1]，"名以出信，信以守器，器以藏礼，礼以行义，义以生利，利以平民，政之大节也"[2]。

在"正名"政治中，对"名"的正确把握可以指向正确的行为规范及动机，"名"成了秩序与行动之间的联结和枢纽，发挥着两个方面的政治与文化功能。一方面，"名"是语言形式的客观行为规范和伦理要求，通过辅以奖惩制度来驱使人们在社会公共生活中，各项行动都符合社会角色或社会关系的要求，以实现"正名"的政治理想和和谐的社会秩序。如周王通过宗法分配伦理上的名分，通过"册命"礼仪颁布拥有政治合法性的名分，若有违背，"乃其速由文王作罚，刑兹无赦"[3]。而王、礼及名分等社会等级秩序的最终根据都在于"天"，"惟天阴骘下民，相协厥居，我不知其彝伦攸叙"[4]。

另一方面，"名"与思维认知相关。《荀子》认为，"名"能够确定"实"的确切意义。首先，"名闻而实喻，名之用也"[5]。"名"与事物的本质规定相关系，不能任意变化使用方式。而后，当"心"作用于"物"时，便产生了"知"的活动，即"心征知而无说，则人莫不然谓之不知"[6]。此时"名"作为一种对事物表象与本质的认识进入人们的头脑中，"知其象则索其邢，缘其理则知其情"，[7]故而人能够清晰无误地理解和执行"名"的要求。同时，"名"还指涉着价值意味。在孔子看来，"君君、

1　杨伯峻：《春秋左传注》，中华书局，1990，第 92 页。
2　杨伯峻：《春秋左传注》，中华书局，1990，第 788 页。
3　顾颉刚、刘起釪：《尚书校释译论》，中华书局，2005，第 1336 页。
4　顾颉刚、刘起釪：《尚书校释译论》，中华书局，2005，第 1143 页。
5　王先谦：《荀子集解》，中华书局，2008，第 422 页。
6　王先谦：《荀子集解》，中华书局，2008，第 418 页。
7　王先谦：《荀子集解》，中华书局，2008，第 788 页。

臣臣、父父、子子"。[1] "名"与社会个体该有的德行相关联，直接决定着对主体及其实践的价值评价。《齐物论》则曰："夫道未始有封，言未始有常，为是而有畛也。请言其畛：有左，有右，有伦，有义，有分，有辩，有竞，有争，此之谓八德。"[2]《天下》有言："《诗》以道志，《书》以道事，《礼》以道行，《乐》以道和，《易》以道阴阳，《春秋》以道名分。"[3] 这种谈论亲疏、贵贱、尊卑、高下、利害、善恶、远近、轻重等二元规定的"是非"集合，是一种被客观构成的认知结构。人们通过这种认知结构、社会普遍流行的语言和认知逻辑，构造出系统性、协调性的分类判断和意义认识，稳定地生成与"名"具有一致性的语言、行动策略与行动理由。最终，"名"作为一种行动的发生原则，带来众人所接受的、风格相似的实践。换句话说，作为分类图式的"名"作为扎根在社会成员头脑中，划分客观事物、进行意义认识的普遍性思维结构，能够使得社会成员倾向于发生与固有分类相符合、与意义和评价相符合的行动，生成符合"名"之权力话语与象征秩序的实践，构成"名"所规定的社会世界法定秩序，不至于再出现"是非无度、而可与不可日变"的混乱。[4]

举个例子，庄子哲学关注到他人的期望、周围人的偏好、地理上的次级社会空间内流行的共识等，是一种极大强化的、"约定俗成"的思想配置，在实践选择的充分性和必要性意义上，深刻地影响着人们生成符合群体生活方式和认识评价的行动。如《逍遥游》中，处在相似的地理空间中的蜩与学鸠，看见鲲鹏"搏扶摇羊角而上者九万里，

---

[1] 朱熹：《四书章句集注》，中华书局，2016，第 136 页。

[2] 陈鼓应：《庄子今注今译》，商务印书馆，2007，第 91 页。

[3] 陈鼓应：《庄子今注今译》，商务印书馆，2007，第 983 页。

[4] 许维遹：《吕氏春秋集释》，中华书局，2009，第 488 页。

绝云气，负青天，然后图南"，则笑之，"奚以之九万里而南为？"[1]"宋人资章甫而适诸越，越人断发文身，无所用之。"[2]《应帝王》的"混沌之喻"中，儵忽二帝以为"人皆有七窍以视听食息，此独无有，尝试凿之。"[3]又如《秋水》魏牟讲述的寓言中，"子独不闻夫坎井之蛙乎？谓东海之鳖曰：'吾乐与！出跳梁乎井干之上，入休乎缺甃之崖；赴水则接腋持颐，蹶泥则没足灭跗；还虷蟹与科斗，莫吾能若也。且夫擅一壑之水，而跨跱坎井之乐，此亦至矣。夫子奚不时来入观乎？'"[4]这些主观的成见是一种武断的、任意的判断，却普遍地被众人信以为理所应当，随之展开一些荒谬的实践。

通过这两重功能，"名"便轻易地内化为某种系统性、综合性的评价和认识结构，通过群体的社会联系，将强迫群体成员做不得已之事，粉饰为实用的、天经地义的、合法的行动选择。如《人间世》中孔子所说："天下有大戒二：其一，命也；其一，义也。子之爱亲，命也，不可解于心；臣之事君，义也，无适而非君也，无所逃于天地之间，是之谓大戒。是以夫事其亲者，不择地而安之，孝之至也；夫事其君者，不择事而安之，忠之盛也；自事其心者，哀乐不易施乎前，知其不可奈何而安之若命，德之至也。为人臣子者，固有所不得已，行事之情而忘其身，何暇至于悦生而恶死？"[5]这样一来，"名"、"戒"与"命"这种简化的、对社会世界进行规定的话语，左右了当下时空中人们的思维方式，宰制力量在潜移默化之中，制造了社会世界中被宰制者的无意识同源——被宰制者像法定的"名"给他们下定义那样，给自己

1　陈鼓应：《庄子今注今译》，商务印书馆，2007，第 12、17 页。

2　陈鼓应：《庄子今注今译》，商务印书馆，2007，第 33 页。

3　陈鼓应：《庄子今注今译》，商务印书馆，2007，第 265 页。

4　陈鼓应：《庄子今注今译》，商务印书馆，2007，第 503-504 页。

5　陈鼓应：《庄子今注今译》，商务印书馆，2007，第 145 页。

下定义；而这种普遍性的暴力，因其以语言和思维形式存在，难以被世俗所知悉。

从"名"组织社会成员展开符合规定的行动与产生合常理的分类认识，两个方面体现出的非凡效用，可以看出对于宰制力量而言，"正名"作为一项社会政治实践策略是相当高效的，能够减少社会中产生"犯上作乱"情形及其他政治混乱。《商君书·定分》认为，通过"名"可完成对人群与万物的治理，"圣人必为法令，置官也，置吏也，为天下师，所以定名分也。名分定，则大诈贞信，民皆愿悫，而各自治也。故夫名分定势，治之道也"。[1] 这更加鼓励宰制力量不断强化以"名"为统治工具的"正名"政治策略。如《左传·成公二年》强调，"唯器与名，不可以假人，君之所司也"。[2]

庄子并不支持将"名"作为规范与秩序根本的政治，相反，庄子对于社会个体按照"正名"规则所展开的社会活动，以及个体生命受"名"所引领和建构的社会生活，有着冷静而深刻的洞察。对于"名"之文化暴力所引致的社会虚伪恶行，庄子斥为"伪"。

庄子用范畴"伪"来指称"正名"政治实践之中的荒谬现象，指称在"正名"的影响下社会个体生活中出现的实践困境。《则阳》篇中，庄子曰："古之君人者，以得为在民，以失为在己；以正为在民，以枉为在己；故一形有失其形者，退而自责。今则不然，匿为物而愚不识，大为难而罪不敢，重为任而罚不胜，远其涂而诛不至。民知力竭，则以伪继之，日出多伪，士民安取不伪！夫力不足则伪，知不足则欺，财不足则盗。盗窃之行，于谁责而可乎？"[3] 直接指出以"名"为统治

---

[1] 蒋礼鸿：《商君书锥指》，中华书局，1986，第146页。
[2] 杨伯峻：《春秋左传注》，中华书局，1990，第788-789页。
[3] 陈鼓应：《庄子今注今译》，商务印书馆，2007，第787页。

工具的政治是一种"伪"——"凡成美，恶器也；君虽为仁义，几且伪哉！"[1]乃至在《盗跖》篇中，借盗跖之口将讲究"正名"的孔子斥为"鲁国之巧伪人孔丘"。[2]将孔子"正名"之道视为"狂狂汲汲，诈巧虚伪事也，非可以全真也，奚足论哉"。[3]

综合来看，庄子对"正名"之"伪"的阐发可以归类为以下三个方面：

第一，从"理义"即知识论的角度上讲，在人们的分类图式中起着范畴工具作用的"名"，是一种诉诸权威的客观真理，因给定的真理根本没有不可动摇的根基，其"理"为"伪"。在庄子的知识论观念中，真理的根据始终是现实实践和现实存在；而在个体存在直接的实践验证中，给定的真理很容易被证伪。如《齐物论》讨论到"正处""正味""正色"等普遍性的规定，在社会生活中惯常之"理"放在猿类、鱼类等不同的生物群中，便显现为"伪"。如此，"自我观之，仁义之端，是非之涂，樊然殽乱，吾恶能知其辩！"[4]

不幸的是，尽管实践中的直觉经验感受证伪了某些"名"的真理性质，证明了"名"规定的逻辑往往显现为一种"成见的逻辑"，但在"正名"的象征支配中，由于"正名"同时限制了观点的供给与选择能力，私人的直觉感受和理性判断并不被社会和集体所鼓励和允许。换句话说，"名"必然性的真理霸权，构建了一种任意专断的、"理所当然的现实"，往往彻底剥夺了个体私隐真理认识的正当性和合法性。"正名"提供的一整套关于世界的权威观点，也构成了社会中所有社会成员行动的关键原则，因而社会成员将始终受其影响。"名"作为必然性的配置，不断构成社会客观分类图式与个体精神分类图式的一致性。因而，

[1]　陈鼓应：《庄子今注今译》，商务印书馆，2007，第728页。
[2]　陈鼓应：《庄子今注今译》，商务印书馆，2007，第892页。
[3]　陈鼓应：《庄子今注今译》，商务印书馆，2007，第895页。
[4]　陈鼓应：《庄子今注今译》，商务印书馆，2007，第97页。

某一给定的世界总是先于"我的世界",社会个体无从逃脱象征秩序及其暴力。许多实践和生命存在的困境,本质便在于个体存在对"名"之既"伪"、又拥有绝对"真理性"这一现象的无可奈何。

第二,从"正义"即价值论的角度上讲,尽管人人都在主动或被动之中践行"名"之规范,"名"所规定的意义与价值,在现世的生活世界中却无终极保证。"不精不诚,不能动人。"尽管遵从"名"与礼的规范,人们却未能真正感受"正名"所"承诺"的价值感受或生命体验,如,"强哭者虽悲不哀,强怒者虽严不威,强亲者虽笑不和"。[1]即是说,社会成员根据"正名"所设置的利害,或是遵循"正名"的行动规则,进行实践预想、策略选择以及构建世界,此行动最终实现的整体(包括社会成员自身的生活状况、社会集体的生活风尚等),仅仅是"名"都权力话语支配的结果。最极致的情况如《外物》所讲述的,"演门有亲死者,以善毁爵为官师,其党人毁而死者半。"[2]按照"名"揭示的利害去构建生活,必将导致一种荒谬至极的生活状况。当社会大多数成员在不知情的情况下顺从了宰制者的支配逻辑,便被动地成了无意识之"同谋",构成了宰制者实施统治的一环。

并且,在建构"正名"目的论整体价值的过程中,社会大多数成员往往沦为宰制群体实现历史整体目的的工具性存在。只是,在人文设教中,普遍的社会正义和美好的社会理想,作为"正名"的政治正当性论据,被编织进神话和诗歌之中不断传诵;然而"正名"所承诺的、光辉的历史本质和历史走向却从不被真正落实——宰制者仅仅是将参与和构建社会正义理想的实践主体,即社会成员,作为谋取利益、实现欲求的工具与手段,这种"不义"现象堪称"伪"。更令人愤懑

---

[1] 陈鼓应:《庄子今注今译》,商务印书馆,2007,第 944 页。
[2] 陈鼓应:《庄子今注今译》,商务印书馆,2007,第 831-832 页。

的是，若是个体存在对工具性的社会身份展示出鲜明的不认同、不合作态度，则会被社会判为越轨或不道德，并施以某种惩罚。在无法进行话语自主生产、敞开话语交流的情况下，集体的价值虚无与虚耗生命的态势无法得到纠正。如庄子所说："礼者，世俗之所为也；真者，所以受于天也，自然不可易也。故圣人法天贵真，不拘于俗。愚者反此。不能法天而恤于人，不知贵真，禄禄而受变于俗，故不足。惜哉，子之蚤湛于人伪而晚闻大道也！"[1]

第三，从"情义"即存在论的角度上讲，"正名"所要求和规定的社会主体存在方式，因政治历史理想及其实现策略的单调性（以宰制力量的利益为唯一导向），允许人们进行认识和实践的空间是相当局限的。且在严苛的奖惩设置之下，人们的社会生活往往呈现为机械式的、单调的样态，这种生活样式便是"伪"。如《外物》中，人与人之间，只有礼节而无真切的爱，"人亲莫不欲其子之孝，而孝未必爱，故孝己忧而曾参悲"。[2]同时，宰制力量通过"名"操纵了集体历史和集体意象，"同类相从，同声相应"。[3]社会成员之间共享着某种"理所当然的生活风格"以及一种趋于一致性、协调性的行动模式，这是"名"作为象征暴力对社会进行系统性控制的体现。"天子诸侯大夫庶人，此四者自正，治之美也，四者离位而乱莫大焉。"[4]即是说，"名"的逻辑成为支配"正名"政治之下的全体成员及其全部实践的逻辑（即使"名"的逻辑是一种"成见的逻辑"），"正名"政治致力于通过"名"统一的、必然的配置，生成和支配实践，实现社会秩序的稳定性。

雪上加霜的是，"正名"的禁欲主义思想将人们的感官娱乐活动

---

[1]　陈鼓应：《庄子今注今译》，商务印书馆，2007，第 944 页。
[2]　陈鼓应：《庄子今注今译》，商务印书馆，2007，第 809 页。
[3]　陈鼓应：《庄子今注今译》，商务印书馆，2007，第 937 页。
[4]　陈鼓应：《庄子今注今译》，商务印书馆，2007，第 937 页。

贬低为不道德的。"百姓淫乱，天子之忧也。"[1]"正名"政治将非道德的生命天性以及人们的审美体验实践，与低下的、卑劣的道德价值相联系，贬斥了人们在被构建的社会存在之外、仅仅作为主体存在而可能的生命经验。毋宁说，剥夺主体意志和视界、拒斥话语的不确定性，才是"正名"所欲实现的状况。

从庄子对"伪"的描述和阐发中，可看出庄子哲学进行社会政治批判的思想理路之所在：庄子并非批驳"正名"思想自身，而是针对"正名"现实的具体建构和影响，进行就事论事的现实性批判。在《齐物论》中，庄子表达了对不断进行是非争论活动的担忧，若人们生命情意都倾洒在"辩无胜"的是非论辩之中，何其芒乎？庄子试图表达的是，思想家应该基于对现实的关怀进行思考和批判，针对抽象的"是非"本身进行反思，只会流于"就是非而论是非"，于改善人们的现实处境无益。应明庄子哲学真正批判的对象是"正名"政治及作为统治工具的"名"，而非作为纯粹思想理论的"正名"与"名"之是非本身。

从"正名"带来"伪"的社会现象的分析和反思中可以看出，庄子所关注的，是个体存在在历史时间中展现的生活风格和存在状况，他关注人们实践具体细微的结构，关注人们分类认知、实践思考和具体行动中的节奏、速度、韵律与呈现的相状，提倡存在的"真"。"真者，精诚之至也。……真悲无声而哀，真怒未发而威，真亲未笑而和。真在内者，神动于外，是所以贵真也。"[2]这些具体的、特殊的个体经验与感受，恰恰正在个体存在认识的层面上，微弱却实在地瓦解着"名"的权威性和不容置疑的天然正当性。即是说，通过肯定个体存在与揭示存在真理，庄子哲学完成了对"正名"之绝对真理性（作为纯粹思想）

---

[1] 陈鼓应：《庄子今注今译》，商务印书馆，2007，第938页。

[2] 陈鼓应：《庄子今注今译》，商务印书馆，2007，第944页。

与绝对正当性（作为政治实践）的双重颠覆。这对庄子新政治哲学的启发在于：欲构建"我的世界"先于某一给定世界的政治，需要将人性置于宇宙中心——通过将人确立为"知"之主体，确立为不断感受和创造存在真理的能动者，能够将所有的"名"、权威话语、绝对价值等，揭示在普遍平等的关系之中，最终对给定真理与给定世界实现强力悬置。

不幸的是，这也宣告了庄子新政治哲学在现实可能性上的微弱：归根结底，保证"正名"实现的，是宰制权力；保证"正名"之强式真理地位的，也是宰制权力。在现实的政治层面，并非"正名"思想之真理性质保证了"正名"作为社会政治实践策略的正当性。毋宁说，是宰制群体选择了"正名"思想作为社会政治实践策略，从而依据权威和权力给予了"正名"思想以绝对的"真理性质"，使得"正名"成为权力话语和绝对的象征秩序，即横亘在社会成员生命之中难以逾越、必须背负的"命"与"戒"，是宰制权力颁布的合法枷锁。庄子哲学研究中的"真实假装"阐释理论[1]可以视为某种微妙"妥协"策略，摇摆在"命"与"真"、客观与主观之间，寄寓了微弱的养生与处世理想，即不从本体身份上接受作为"名"之规定的人，从一开始就没有"自我"，而总是进行虚假的角色扮演，使得真实自我和社会角色之间无所冲突。庄子哲学"真实假装"阐释理论象征一种淡漠、平静的哲学，"浸假而化"[2]，"一宅而寓于不得已"[3]，"无能者无所求，饱食而遨游，汎若不系之舟，虚而遨游者也"。[4]

---

[1] 汉斯-格奥尔格·梅勒、德安博：《游心之路：〈庄子〉与现代西方哲学》，郭鼎玮译，北京联合出版公司，2019。

[2] 陈鼓应：《庄子今注今译》，商务印书馆，2007，第222页。

[3] 陈鼓应：《庄子今注今译》，商务印书馆，2007，第139页。

[4] 陈鼓应：《庄子今注今译》，商务印书馆，2007，第954页。

尽管庄子新政治哲学仅仅具有微弱的实在力量，思想的意义对人类来说却是永恒的，庄子及其后学尽管从历史场景中消失，其思想的反思性和超越性仍然在历史长河中闪耀。

因此，研究和显扬庄子去蔽化伪、拥抱真诚的新政治哲学仍然是必要的。

首先，庄子对于新政治文化的讨论总是与平等主义相联系。"正名"政治指向的是知识与权力的共生关系，因此在新政治中，"齐-物论"将所有"是非"知识等同观之，"彼出于是，是亦因彼。彼、是，方生之说也"，[1] "是亦彼也，彼亦是也。彼亦一是非，此亦一是非。果且有彼是乎哉？果且无彼是乎哉？彼是莫得其偶，谓之道枢。枢始得其环中，以应无穷。是亦一无穷，非亦一无穷也。故曰'莫若以明'"。[2]《齐物论》率先摧毁了某一权威性知识高于其他任何知识的可能。同时，这也意味着解除了某一"圣人"或"王者"声称掌握了真理的权威性和正当性。《齐物论》蕴示了社会空间中文化、知识和意义生产蓬勃恣意，即可直接消解象征暴力的存在。并且，在庄子新政治图景"无名"之治中，"泰氏，其卧徐徐，其觉于于；一以己为马，一以己为牛；其知情信，其德甚真，而未始入于非人"。[3] "天根游于殷阳，至蓼水之上，适遭无名人而问焉，曰：'请问为天下。'无名人曰：'去！汝鄙人也，何问之不豫也？'"[4] 领导者或宰制者"无名之人"总是某种象征性的、随时出世或消隐的角色，并且这种角色总是可有可无的、不情愿的、对权力毫无留恋乃至厌弃的——这意味着在庄子新政治中，不再存在"领导-服从"、"上位者-下位者"、"主-仆"等对立

1　陈鼓应：《庄子今注今译》，商务印书馆，2007，第67页。
2　陈鼓应：《庄子今注今译》，商务印书馆，2007，第67页。
3　陈鼓应：《庄子今注今译》，商务印书馆，2007，第247页。
4　陈鼓应：《庄子今注今译》，商务印书馆，2007，第251页。

或等级式的社会关系形式。

　　其次，相对于"正名"哲学通过语言对事物进行清晰界定与审察，使社会生活实现统一秩序，庄子拒绝使用系统性的、明确的、特定的词汇或语言来制定政治规范或分类规则。"以谬悠之说，荒唐之言，无端崖之辞，时恣纵而不傥，不以觭见之也。以天下为沈浊，不可与庄语，以卮言为曼衍，以重言为真，以寓言为广。"[1] 庄子往往通过寓言来展现和蕴示新政治途径，通过联结、叙述和阐释不同历史时空的语言游戏，提供真正自由的可能性。庄子也好通过"卮言""重言"等语言形式，通过不确切的、含混的、诗意的语言来蕴示并不有某种"新真理"的新政治，仅仅将人们的生活、个体的精神和身体感受敞开在一种浪漫却微弱的存在之真中。

　　最后，庄子哲学通过叙述一种哲学自然论或偶然论，将人的认知、实践和生活场域放置在一个吊诡的、偶然的、不成因果的，同时也是瑰丽的、渺无边际的、玄妙运行的宇宙整体背景中，呼唤人们回到事物的原初性之中，"上与造物者游，而下与外死生无终始者为友"[2]。"正名"构建的强式象征秩序，将社会空间与历史本质、人的存在目的紧紧拢括在一起，一切物象有着确切意义，与其固有内在特性相关联。而在庄子的"逍遥游"的图景中，任何对事物特性的固定都是不正确的假设，因为事物总是在流转变易，"方其梦也，不知其梦也。梦之中又占其梦焉，觉而后知其梦也。且有大觉而后知此其大梦也"。[3] 人的存在与自然天地偶然的发生相关联，存在的意义、他人的意义与世界的意义彼此牵系，"死生无变于己，而况利害之端乎！"[4] "天地与

---

[1]　陈鼓应：《庄子今注今译》，商务印书馆，2007，第 1016 页。
[2]　陈鼓应：《庄子今注今译》，商务印书馆，2007，第 1016 页。
[3]　陈鼓应：《庄子今注今译》，商务印书馆，2007，第 102 页。
[4]　陈鼓应：《庄子今注今译》，商务印书馆，2007，第 98 页。

我并生，而万物与我为一。"[1] "正名"政治最荒谬之"伪"便在于它
假设了一个实践的断裂，而力图用象征知识和秩序进行符号统治，庄
子则坚持对社会世界和生命存在加以实践的理解，"其应于化而解于
物也，其理不竭，其来不蜕，芒乎昧乎，未之尽者"。[2]

从本文梳理的庄子哲学对"正名"政治暴力和文化暴力的讨论中，
可以看出，庄子进行社会政治批判及创造性超越的思想气质是独特的。
与诸子之学不同的是，诸子奋勇争夺"制名"之霸权，庄子却不支持
某种普遍文化。庄子新政治哲学蕴示到，普遍文化无非是一种统治者
的文化，一种好的文化应该是与自由、平等、从暴力中解放相关的文化。

对于肯定存在之真的庄子新政治哲学，我们尚未深入进行讨论的
方面还有：如何理解庄子哲学取消普遍文化的"虚无主义"倾向？或
是这仅仅是一种言说上的、与话语的使用相关联的批判策略？我们需
要更加关注庄子对"无""无用""无名"等观念和范畴的阐释。此
外，若庄子对"正名"政治实际是从一种朴素的正义观出发进行批判：
知识论上无绝对的客观真理，而现实中苦难即是不正义，试图歪曲苦
难为正义的行为是不道德的，即庄子更多站在现实主义立场进行关怀，
而非从观念论出发，进行抽象的是非争辩，寻求某种更加权威的"新
真理"替代"正名"思想。那么我们仍未正面地、具体地讨论没有苦
难的快乐生活，仍未解答快乐生活的具体内涵和理想样式。最后，我
们应该对庄子哲学中"乐""游""德"等，与幸福、快乐相关联的
概念和范畴施以更多的关注，从这类具有反思性和超越性的思想资源
中获取更多有益启迪，助力现代生活的创造和集体实践的展开。

总览全文，本研究创新性地从文化暴力的角度对《庄子》进行阐

---

[1] 陈鼓应：《庄子今注今译》，商务印书馆，2007，第 88 页。

[2] 陈鼓应：《庄子今注今译》，商务印书馆，2007，第 1016 页。

释和理解。首先，本研究从论述《庄子》对名教的省察开始，对庄子所处时代的人们对世界进行感知和评价的"知"的体系进行了梳理——分别是名言系统和周文礼教，庄子对这二者进行了深刻的反省和批判，认为在这种权威的话语之中，"道隐于小成，言隐于荣华"，人们的认识自由规定和价值自由以及实践的自由都被这种话语所拘囿了；人们用这一套关于世界的权威话语进行生活和实践，庄子所珍视的主体认识自由和实践的无限可能被礼教和名言所束缚了。

接下来，基于文本阐释，本研究梳理了《庄子》提到的个体在社会生活中受到的不同文化暴力现象，社会分类模式导致人们"离实学伪"的现象，统治者的政治话语导致人们战战兢兢、驰累生命的现象，人们在集体中生活，不得不受到来自集体认识的鼓动和裹挟的现象等。在庄子看来，这些层出不穷的文化暴力现象，残损了人们的心性，也剥夺了人们悠游生活的可能，故而，庄子倾向于消解文化暴力，使得人们从文化的软性控制中解脱出来。

本研究着重考察了《庄子》的因应之策"无名之道"，庄子将思考放在解构名言和礼教上来，消解所有使得文化暴力顺畅通行的话语形式和权力结构，人们便得以恢复逍遥"游乎四海之外"的存在状态。《庄子》蕴示了一种"无名之道"，在一种不依靠是非名言或分类范畴的内在身体经验中，人们得以感受世界自由流变的无穷活力，感受自在怡然、无有束缚的实践之快意。

本研究的不足之处主要有以下两点：一是需要更多的批判性思考，需要更加全面而深入地厘清用文化暴力的批判理论沟通阐释庄子哲学可能存在的问题和局限性；二是需要扩大研究的范围和广度，从其他相关的哲学家或理论中寻找共通之处与研究理路，以提高庄子哲学研究的可推广性和影响力。

　　本文对《庄子》的阐释从文化暴力的角度切入，应该看到，庄子对文化暴力的消解最终落到消解立名设教、敞开身体经验和存在自由的层面上来，而这种解决实际上是一种批判的解决，而非一种能按部就班、可操作的解决。换句话说，当理解到庄子对文化暴力的关注落到去政治、去礼教、去语言及去是非时，我们便只能将这种思想作为一种反思之道对待了。当然，作为一种反思性的思想，《庄子》批判文化暴力的思想仍然有着深刻的借鉴意义，能够为我们分析生活中的文化暴力现象提供启发，为我们对社会人生的思考提供启发，为我们畅想一种更逍遥的生活提供启发。

　　无论如何，我们总是能够从庄子的哲学中找到应对当今时代纷繁烦扰的有益启示。在当今时代，人们总是一厢情愿地想象——事物的秩序被视为足以支撑未来可能发生的事情，历史目的和秩序想象被构想为同一的；对秩序的把握总被人们视为是人类得以站在历史的角度上，对历史的发生和发展有着规则上和前景上的把握。这能够解释为何人们常常被秩序想象、被一种有关于"秩序"和"善"的话语符号所俘获：世界总是被想象为一个整体完满的世界、一个意义丰富的世界、一个绝对"善"的世界。

　　这种想象之所以可能、之所以完满，是因为构成想象的那些范畴和形式都被人类的观念想象能力极致地颠覆了，在观念的世界中，实践的边界、时间空间的边界、人的能力的边界均被敉平了。这个想象秩序的完满性和超越性，是源于其相对于这个存在着的世界，及我们所真实拥有的实在世界的替代特性——当真实世界中的所有缺憾、界限、暴力、恶行、丑陋、易逝都被想象为"无"了，那个理想的世界便成为绝对的"善"。我们对秩序想象的实践信念是，我们凭喜好想象事物，然后将其变为现实。可当落入真实的世界、落入实践，所有被遗忘的边界和限制都一齐涌现出来。一个令人感到无奈的现实是，尽管我们惯常看待世界的方式仿佛它是一种自然事实，但它并不是；它的存在源于我们集体的生产创造。因此，隐藏在我们对秩序想象的观念之中的最深刻的矛盾是：倘若人们可以凭喜好想象出任何世界，进而将其变为现实，那么谁会创造一个像现在这样的世界呢？无论秩序想象是多么崇高、具足和完美，在人类生活背后所隐藏的现实是，这个世界并非自发形成的。

马克思主义哲学家约翰·霍洛威（John Holloway）观察现代生活[1]，认为我们每天都在生产生活本身，而生活本身非是某种外力加诸于我们的东西；那么假使我们集体决定进行改变，停止此种并不令我们满意的生活的生产，那么我们将会发现此种生活不复存在。这提示我们，无论是普遍的秩序想象、阐释图式、习惯性实践等，还是对自我的存在规定认知、对社会世界运转的理解，我们都早已无意识地深陷于一个实际上并不具有实在性的幻相中；并在一种偏好想象之中，不断地再生产这个世界的差异分类和结构，不断地致使这种差异分类和想象结构持续地发挥作用。而当我们意识到社会历史的想象形式这一特征，并且生出一种拒绝的意愿，我们就迎来了一个奇点——我们能够选择不合作、能够选择反身离去，或者选择一个新的合作图景，进行新的实践。同时，这也就提示了一个终极的革命性问题：需要具备什么条件，才能让我们一觉醒来后去想象和生产别的东西？换句话说，我们如何能够停下想象性阐释和再生产差异系统的劳动，改而在一个更加敞开可能性、更加尊重个体价值的环境下，进行全新的生命实践，实现更好的存在可能呢？

---

[1] 孙亮：《重思资本逻辑的同一性：约翰·霍洛威的批判思想引论》，社会科学文献出版社，2023，第 101-116 页。

跨越两千多年，庄子哲学对此的回应是，在一种尽量去除文化暴力、还原个体内在性的存在根据地位的思想组织起来的社会生活中，人们得以获得自由和快乐，能够自由地用无所求的爱和他人、和世界建立真诚的关系，就像庄子与挚友春来游于濠梁之上，就"鱼之乐或不乐"聊聊天。我们让自己沉浸在一种无止息的、活泼恣意的生命之流中，纵情于天地，流连于艺术创造的活动中。

庄子取消了社会权力结构存在、取消了权威的话语和崇高的计划、取消了所有比自己更"大"的事物；如果没有什么是我们必须做的、没有规则、没有伟大的计划，我们就可以自由地选择做什么。只是，当我们真的去除了这些遮蔽自由地东西，解除了外在强加的结构，我们处在一个比以往更容易体验生活的存在事实之中时——我们对自己的存在责任同时也前所未有地沉重：我们需要为世界负责、为世界注入意义、为自己的生活负起完全的责任。我们无法逃避责任，我们总是需要让自己去感受、去决定，决定是无法避免的、无所不在的。我们不再能够躲在传统社会的规则之后，虽然它们扼杀了人们的生活决定权和自由想象的能力，但它们确实使人免于决定。

我们面临一个孤独的存在处境，但我们总是能够和世界、和他人建立一种充满生命情意的相互关系，只要我们为自己提供生活的目的感，如利他、为理想奉献、创造艺术、快乐主义的自我实现、自我超越等等，我们总是能够觉察自己的责任，并选择恰当的方式实现。

法国"五月风暴"中有这么一段宣言[1]："为了获得自由，我们必须在既存现实的外壳上凿出窟窿，锻造新的现实，而它也将反过来塑造我们。不断置身于新的情景之中，唯有如此才能确保你在做决定时

---

[1] 大卫·格雷伯：《规则的悖论：想象背后的技术、愚笨与权力诱惑》，倪谦谦译，中信出版集团，2023，第188页。

摆脱习惯、习俗、法律或偏见的惯性——而这些情境要靠你去创造。"
时时刻刻重新思考世界的实在，重新思考意义的规定，创造新的现实，
创造新的意义规定，这些努力累计起来，逐渐使得那种并不适合生命
内在性活动的社会权力话语系统失去其原有的坚固性，而新的生活、
新的创造性和想象活动，恰恰筑基在前者坚固性的废墟上。只是这一次，
我们不再想要一个统一的、一贯的、权威的秩序想象，我们只想要每
个人的心灵上都能开出创造力的花。

参考文献

一、古籍

陈鼓应.庄子今注今译 [M].北京：商务印书馆 ,2007.

储伯秀.庄子义海纂微 [M].上海：华东师范大学出版社 ,2014.

郭庆藩.庄子集释 [M].王孝鱼 ,点校.北京：中华书局 ,2012.

郭象 ,成玄英.南华真经注疏 [M].曹础基 ,黄兰发 ,点校.北京：中华书局 ,1998.

郭象 ,成玄英.庄子注疏 [M].曹础基 ,黄兰发 ,点校.北京：中华书局 ,2011.

林希逸.庄子鬳斋口义校注 [M].周启成 ,校注.北京：中华书局 ,2009.

刘凤苞.南华雪心编 [M].方勇 ,点校.北京：中华书局 ,2013.

陆九渊.陆九渊集 [M].北京：中华书局 ,1980.

陆树芝.庄子雪 [M].上海：华东师范大学出版社 ,2011.

吕惠卿.庄子义集校 [M].汤君 ,集校.北京：中华书局 ,2009.

墨子 [M].朱越利 ,校点.沈阳：辽宁教育出版社 ,1997.

释德清.庄子内篇注 [M].上海：华东师范大学出版社 ,2009.

司马迁.史记[M]//纪昀.四库全书·史部.浙江大学图书馆藏影印本.

四部丛刊史部·国语二十一卷 [M].韦昭 ,解.杭州叶氏藏明嘉靖翻宋本 ,影印本.

四部丛刊史部·晏子春秋十卷 [M].江南图书馆藏明活字本 ,影印本.

四部丛刊子部·管子二十四卷 [M].房玄龄 ,注.常熟瞿氏铁琴铜剑楼藏宋刊本,影印本.

四部丛刊子部·韩非子二十卷[M].上海涵芬楼藏宋钞校本,影印本.

四部丛刊子部·吕氏春秋二十六卷[M].高诱,注.上海涵芬楼藏明刊本,影印本.

四部丛刊子部·商子五卷[M].上海涵芬楼明天一阁本,影印本.

四部丛刊子部·荀子二十卷[M].杨倞,注.上海涵芬楼藏黎氏景宋刊本,影印本.

孙冯翼.问经堂丛书:尸子[M].清嘉庆间金陵承德孙氏刊本,影印本.

《十三经注疏》整理委员会.十三经注疏·春秋左传正义[M].北京:北京大学出版社,1999.

《十三经注疏》整理委员会.十三经注疏·礼记正义[M].北京:北京大学出版社,1999.

《十三经注疏》整理委员会.十三经注疏·论语注疏[M].北京:北京大学出版社,1999.

《十三经注疏》整理委员会.十三经注疏·毛诗正义[M].北京:北京大学出版社,1999.

《十三经注疏》整理委员会.十三经注疏·孟子注疏[M].北京:北京大学出版社,1999.

《十三经注疏》整理委员会.十三经注疏·尚书正义[M].北京:北京大学出版社,1999.

《十三经注疏》整理委员会.十三经注疏·周礼注疏[M].北京:北京大学出版社,1999.

《十三经注疏》整理委员会.十三经注疏·周易正义[M].北京:北京大学出版社,1999.

王弼.王弼集校释[M].楼宇烈,校释.北京:中华书局,1980.

王夫之.船山全书 [M].长沙：岳麓书社,2011.

王夫之.庄子解 [M].王孝鱼,点校.北京：中华书局,1964.

魏翔凤.管子校注 [M].梁运华,整理.北京：中华书局,2020.

魏征等.群书治要 [M].吕效祖,点校.厦门：鹭江出版社,2004.

许慎.说文解字注 [M].段玉裁,注.上海：上海古籍出版社,1988.

宣颖.南华经解 [M].曹础基,校点.广州：广东人民出版社,2008.

荀子 [M].杨倞,注.耿芸,标校.上海：上海古籍出版社,2014.

杨伯峻.论语译注 [M].北京：中华书局,2017.

周国芳.周易象解 [M].杭州：西泠印社出版社,2018.

庄子 [M].方勇,译注.北京：中华书局,2015.

二、研究著作

包兆会.庄子生存论美学研究 [M].南京：南京大学出版社,2004.

陈鼓应.老庄新论 [M].台北：五南图书出版公司,2005.

陈鼓应.庄子浅说 [M].北京：中华书局,2020.

陈少明.《齐物论》及其影响 [M].北京：商务印书馆,2019.

陈赟.回归真实的存在：王船山哲学的阐释 [M].上海：复旦大学出版社,2002.

陈赟.自由之思：《庄子·逍遥游》的阐释 [M].杭州：浙江大学出版社,2020.

储昭华.何以安身与逍遥：庄子"虚己"之道的政治哲学解析 [M].北京：商务印书馆,2020.

崔大华.庄学研究 [M].北京：人民出版社,2005.

崔宜明.生存与智慧：庄子哲学的现代阐释 [M].上海：上海人民出版社,1996.

方东美 . 原始儒家道家哲学 [M]. 北京 : 中华书局 ,2012.

方勇 , 陆永品 . 庄子诠评 [M]. 成都 : 巴蜀书社 ,2007.

方勇 . 庄子学史 [M]. 北京 : 人民出版社 ,2008.

冯契 . 中国古代哲学的逻辑发展 [M]. 上海 : 华东师范大学出版社 ,1997.

冯友兰 . 哲学的精神 [M]. 西安 : 陕西师范大学出版社 ,2008.

冯友兰 . 中国哲学简史 [M]. 赵复三 , 译 . 北京 : 中华书局 ,2022.

高柏园 . 庄子内七篇思想研究 [M]. 台北 : 文津出版社 ,1992.

高宣扬 . 布迪厄的社会理论 [M]. 上海 : 同济大学出版社 ,2004.

葛兆光 . 中国思想史 [M]. 上海 : 复旦大学出版社 ,2001.

郭沫若 . 十批判书 [M]. 北京 : 东方出版社 ,1996.

郭齐勇 , 吴根友 . 诸子学通论 [M]. 北京 : 商务印书馆 ,2015.

郭齐勇 . 中国哲学通史 [M]. 南京 : 江苏人民出版社 ,2021.

韩林合 . 虚己以游世 :《庄子》哲学研究 [M]. 北京 : 北京大学出版社 ,2006.

胡道静 . 十家论庄 [M]. 上海 : 上海人民出版社 ,2004.

黄开国 , 唐赤蓉 . 诸子百家兴起的前奏 : 春秋时期的思想文化 [M]. 成都 : 巴蜀书社 , 2004.

赖锡三 . 道家型知识分子论 :《庄子》的权利批判与文化更新 [M]. 台北 : 台湾大学出版中心 ,2013.

劳思光 . 新编中国哲学史 [M]. 桂林 : 广西师范大学出版社 ,2005.

李申 . 老子与道家 [M]. 北京 : 商务印书馆 ,1996.

李泽厚 . 李泽厚哲学美学文选 [M]. 长沙 : 湖南人民出版社 ,1985.

李泽厚 . 中国古代思想史论 [M]. 北京 : 生活·读书·新知三联书店 ,2008.

刘北成.福柯 思想肖像 [M].北京:北京师范大学出版社,1995.

刘绍瑾.庄子与中国美学 [M].广州:广东高等教育出版社,1989.

刘笑敢.庄子哲学及其演变 [M].北京:中国社会科学出版社,1988.

卢永欣.语言维度的意识形态分析 [M].北京:社会科学文献出版社,2013.

陆学艺,王处辉.中国社会思想史资料选辑:先秦卷 [M].南宁:广西人民出版社,2005.

吕思勉.先秦学术概论 [M].北京:中国人民大学出版社,2011.

吕思勉.中国政治思想史 [M].北京:中华书局,2012.

牟宗三.中国哲学十九讲 [M].长春:吉林出版集团有限责任公司,2010.

牟宗三.政道与治道 [M].桂林:广西师范大学出版社,2006.

钱穆.庄老通辨 [M].北京:生活·读书·新知三联书店,2002.

任继愈.中国哲学史简编:第 1 册 [M].北京:人民出版社,1999.

时晓丽.庄子审美生存思想研究 [M].北京:商务印书馆,2006.

唐君毅.生命存在与心灵境界 [M].北京:中国社会科学出版社,2006.

陶东风.从超迈到随俗:庄子与中国美学 [M].北京:首都师范大学出版社,1995.

汪民安.福柯的界线 [M].北京:中国社会科学出版社,2002.

王博.庄子哲学 [M].北京:北京大学出版社,2020.

王德有.以道观之:庄子哲学的视角 [M].北京:人民出版社,1998.

王国维.观堂集林 (外二种)[M].石家庄:河北教育出版社,2001.

王凯.逍遥游:庄子美学的现代阐释 [M].武汉:武汉大学出版社,2003.

王叔岷.庄学管窥 [M].台北:艺文印书馆,1978.

王斯德 , 童世骏 , 杨国荣 . 现代化进程中的中国人文学科 : 哲学卷 [M]. 上海 : 上海人民出版社 ,2005.

温带维 . 正视困扰 : 哲学辅导的实践 [M]. 香港 : 三联书店 (香港) 有限公司 ,2010.

吴根友 . 道家思想及其现代诠释 [M]. 上海 : 上海交通大学出版社 , 2018.

吴怡 . 逍遥的庄子 [M]. 桂林 : 广西师范大学出版社 ,2006.

萧公权 . 中国政治思想史 [M]. 台北 : 联经出版事业公司 ,1982.

徐复观 . 中国人性论史 : 先秦篇 [M]. 上海 : 上海三联书店 ,2001.

徐复观 . 中国艺术精神 [M]. 台北 : 台湾学生书局 ,2001.

徐克谦 . 庄子哲学新探 : 道 · 言 · 自由与美 [M]. 北京 : 中华书局 ,2005.

徐小跃 . 禅与老庄 [M]. 杭州 : 浙江人民出版社 ,1992.

许建良 . 先秦道家的道德世界 [M]. 北京 : 中国社会科学出版社 ,2006.

杨国荣 . 存在之维——后形而上学时代的形上学 [M]. 北京 : 人民出版社 ,2005.

杨国荣 . 以道观之 : 庄子哲学思想阐释 [M]. 台北 : 水牛出版社 ,2007.

杨国荣 . 庄子的思想世界 [M]. 北京 : 北京大学出版社 ,2006.

杨立华 . 庄子哲学研究 [M]. 北京 : 北京大学出版社 ,2020.

杨儒宾 . 庄周风貌 [M]. 台北 : 黎明文化事业公司 ,1991.

叶舒宪 . 庄子的文化解析 [M]. 西安 : 陕西人民出版社 ,2004.

余英时 . 论天人之际 : 中国古代思想起源试探 [M]. 台北 : 联经出版事业公司 ,2014.

余英时 . 中国思想传统的现代诠释 [M]. 南京 : 江苏人民出版社 ,2006.

余英时 . 中国知识阶层史论 : 古代篇 [M]. 台北 : 联经出版事业公司 ,1984.

张德胜 . 中华文化与现代生活 [M]. 香港 : 进一步多媒体有限公司 , 2008.

张利群 . 庄子美学 [M]. 桂林 : 广西师范大学出版社 ,1992.

张石 .《庄子》与现代主义 : 古今文化比较 [M]. 石家庄 : 河北人民出版社 ,1989.

张松辉 . 先秦两汉道家与文学 [M]. 北京 : 东方出版社 ,2004.

张松辉 . 庄子考辨 [M]. 长沙 : 岳麓书社 ,1997.

张松如 , 陈鼓应 , 赵明 , 等 . 老庄论集 [M]. 济南 : 齐鲁书社 ,1987.

赵明 . 道家思想与中国文化 [M]. 长春 : 吉林大学出版社 ,1986.

郑开 . 道家形而上学研究 [M]. 北京 : 中国人民大学出版社 ,2018.

郑开 . 道家政治哲学发微 [M]. 北京 : 北京大学出版社 ,2019.

郑开 . 庄子哲学讲记 [M]. 南宁 : 广西人民出版社 ,2022.

钟泰 . 中国哲学史 [M]. 北京 : 东方出版社 ,2008.

朱国华 . 权力的文化逻辑 : 布迪厄的社会学诗学 [M]. 上海 : 上海人民出版社 ,2016.

朱荣智 . 庄子的美学与文学 [M]. 台北 : 明文书局 ,1992.

爱莲心 . 向往心灵转化的庄子 : 内篇分析 [M]. 周炽成 , 译 . 南京 : 江苏人民出版社 ,2004.

毕来德 . 庄子四讲 [M]. 宋刚 , 译 . 北京 : 中华书局 ,2009.

布迪厄 , 华康德 . 实践与反思 : 反思社会学导引 [M]. 李猛 , 李康 , 译 . 北京 : 中央编译出版社 ,1998.

布迪厄 . 实践感 [M]. 蒋梓骅 , 译 . 南京 : 译林出版社 ,2003.

池田知久 . 道家思想的新研究 : 以《庄子》为中心 [M]. 王启发 , 曹峰 , 译 . 郑州 : 中州古籍出版社 ,2009.

道格拉斯 . 洁净与危险——对污染和禁忌观念的分析 [M]. 黄剑波 ,

卢忱，柳博赟，译．北京：商务印书馆，2008.

邓正来．布莱克维尔政治思想百科全书 [M]．北京：中国政法大学出版社，2010.

蒂利．集体暴力的政治 [M]．谢岳，译．上海：上海人民出版社，2006.

福柯．词与物——人文科学考古学 [M]．莫伟民，译．上海：上海三联书店，2001.

福柯．权力的眼睛——福柯访谈录 [M]．严锋，译．上海：上海人民出版社，1997.

盖伦．技术时代的人类心灵：工业社会的社会心理问题 [M]．何兆武，何冰，译．上海：上海科技教育出版社，2003.

格雷伯．规则的悖论：想象背后的技术、愚笨与权力诱惑 [M]．倪谦谦，译．北京：中信出版集团，2023.

海德格尔．关于人道主义的书信 [M]//孙周兴．海德格尔选集．上海：上海三联书店，1996.

海德格尔．路标 [M]．孙周兴，译．北京：商务印书馆，2000.

海德格尔．尼采：上卷 [M]．孙周兴，译．北京：商务印书馆，2002.

赫勒．个性伦理学 [M]．赵司空，译．哈尔滨：黑龙江大学出版社，2015.

麦克尼．福柯 [M]．贾湜，译．哈尔滨：黑龙江人民出版社，1999.

梅．自由与命运 [M]．杨韶刚，译．北京：中国人民大学出版社，2010.

梅尼克．历史主义的兴起 [M]．陆月宏，译．南京：译林出版社，2010.

诺思，瓦利斯，温格斯特．暴力与社会秩序：诠释有文字记载的人类历史的一个概念性框架 [M]．杭行，王亮，译．上海：格致出版社，2013.

齐泽克．暴力：六个侧面的反思 [M]．唐健，张嘉荣，译．北京：中国法制出版社，2012.

荣格．文明的变迁 [M]．周朗，石小竹，译//陈收．荣格文集．北京：

国际文化出版社公司 ,2011.

泰勒 . 原始文化 [M]. 蔡江浓 , 编译 . 杭州 : 浙江人民出版社 ,1988.

涂尔干 . 宗教生活的基本形式 [M]. 渠敬东 , 汲喆 , 译 . 北京 : 商务印书馆 ,2011.

瓦蒂莫 . 现代性的终结 [M]. 李建盛 , 译 . 北京 : 商务印书馆 ,2013.

汪民安 , 陈永国 , 马海良 . 福柯的面孔 [M]. 北京 : 文化艺术出版社 , 2001.

威廉斯 . 文化与社会 [M]. 吴淞江 , 张文定 , 译 . 北京 : 北京大学出版社 ,1991.

詹姆士 . 宗教经验种种 [M]. 尚新建 , 译 . 北京 : 商务印书馆 ,2017.

三、期刊论文

晁福林 . 从《盗跖》篇看庄子后学的"无为"思想 [J]. 山东社会科学 , 2002(2): 59–62.

陈霞 . "相忘"与"自适"——论庄子之"忘"[J]. 哲学研究 ,2012(8): 44–49.

陈赟 . "居间体验"与人的自由 [J]. 人文杂志 , 2020(7): 57–68.

陈赟 .《齐物论》与"是非"问题 [J]. 华东师范大学学报 (哲学社会科学版),2022,54(2):79–92,175–176.

陈赟 .《庄子》"小大之辩"的三种理解取向及其价值化机制 [J]. 江苏社会科学 ,2019(5):176–184,260.

陈赟 .《庄子》的无为思想与引导性政治 [J]. 贵州大学学报 (社会科学版),2022,40(5):15–24.

陈赟 .《庄子·天下篇》与内圣外王之道 [J]. 安徽师范大学学报 (人文社会科学版),2015,43(4):454–476.

陈赟 . 论"庖丁解牛"[J]. 中山大学学报 (社会科学版),2012,52(4):117–133.

陈赟 . 引导性政治架构下的统治德性问题——对《庄子》政治哲学的一种阐释 [J]. 道德与文明 ,2022(5):114–129.

陈赟 . 庄子论政治失序的根源——《应帝王》"肩吾见狂接舆"章的哲学意蕴 [J]. 周易研究 ,2022(1):102–112.

储昭华 . 庄子生死观的政治哲学解读 [J]. 华中师范大学学报 (人文社会科学版),2015,54(1):82–87.

崔大华 . 庄子的人生哲学及其在中国文化中的作用 [J]. 哲学研究 ,1986(1):30–35.

何江南 . 论庄子的齐物和逍遥 [J]. 社会科学研究 ,2000(3):90–93.

胡新生 . 周初大分封与宗周礼制的传播 [J]. 中国社会科学院大学学报 ,2022,42(7):19–36,140–141,145.

赖锡三 .《庄子》对"礼"之真意的批判反思——质文辩证与伦理重估 [J]. 杭州师范大学学报 (社会科学版),2019,41(3):1–24.

刘思禾 . 断裂的世界——庄子政治思想研究 [J]. 古籍整理研究学刊 ,2009(6):103–105,66.

刘笑敢 .《老子》之自然的独特性——多元视角的思考与发现 [J]. 哲学研究 ,2022(1):52–65,126.

刘笑敢 . 从超越逍遥到足性逍遥之转化——兼论郭象《庄子注》之诠释方法 [J]. 中国哲学史 ,2006(3):5–14.

刘笑敢 . 两种逍遥与两种自由 [J]. 华中师范大学学报 (人文社会科学版),2007(6):83–88.

刘笑敢 . 析论《庄子》书中的两种"自然"——从历史到当代 [J]. 哲学动态 ,2019(12):39–45.

刘飖娇.庄子的政治思想探析[J].太原师范学院学报(社会科学版),2015,14(4):31-37.

罗彦民.救世:庄子"无为"思想的终极目标[J].船山学刊,2008(2):114-117.

马费索利,许轶冰,于贝尔."生态哲学":野性的力量[J].江南大学学报(人文社会科学版),2013,12(4):25-28.

彭富春.论庄子的道[J].湖北社会科学,2009(9):117-121.

强昱.庄子《逍遥游》的精神旨趣[J].中国哲学史,2007(1):54-60.

尚建飞.庄子的"至乐"及其价值内涵[J].哲学动态,2018(8):40-46.

宋惠昌.论《庄子》的自然主义政治哲学[J].中共中央党校学报,2006(6):28-34.

宋宽锋.对"政治"的疏离和超越——庄子政治哲学新探[J].中原文化研究,2019,7(5):32-38.

王博."然"与"自然":道家"自然"观念的再研究[J].哲学研究,2018(10):43-53,128-129.

萧汉明.论庄子的内圣外王之道[J].武汉大学学报(人文科学版),2003(1):23-30.

徐克谦.论作为道路与方法的庄子之"道"[J].中国哲学史,2000(4):66-72.

颜世安.论庄子思想中"道"与"行"的关系[J].中国哲学史,2000(1):51-57.

杨国荣."时"·历史·境遇——《庄子》哲学中的时间性与历史性问题[J].天津社会科学,2006(5):27-32.

杨国荣.《庄子》哲学中的个体与自我[J].哲学研究,2005(12):40-46,123.

杨国荣 . 道与生命存在——《庄子·养生主》发微 [J]. 现代哲学 , 2021(1):119-124.

杨国荣 . 世间之 "在" ——《庄子·人间世》的主题及其内蕴 [J]. 华东师范大学学报 (哲学社会科学版),2021,53(1):21-29,169-170.

杨国荣 . 他者的理解 :《庄子》的思考——从濠梁之辩说起 [J]. 学术月刊 ,2006(8):48-55.

杨国荣 . 体道与成人——《庄子》视域中的真人与真知 [J]. 文史哲 ,2006(5):125-135.

杨国荣 . 自然·道·浑沌之境——《庄子·应帝王》札记 [J]. 中国哲学史 ,2020(1):42-48.

杨立华 . 新子学时代 [J]. 船山学刊 ,2021(6):1-6.

袁艾 . 论《庄子》之 "安之若命" [J]. 武汉大学学报 (人文科学版),2015,68(6):53-58.

张和平 . "天籁" 新解——兼论 "天籁" 与庄子哲学 [J]. 厦门大学学报 (哲学社会科学版),2011(5):113-120.

张华勇 . 论庄子哲学的政治意蕴——以《应帝王》为中心 [J]. 武汉大学学报 (人文科学版),2015,68(6):45-52.

郑开 .《庄子》与艺术真理 [J]. 文史哲 ,2019(1):128-147,167-168.

郑开 . 道家的自然概念——从自然与无的关系角度分析 [J]. 哲学动态 ,2019(2):46-55.

郑开 . 道家政治哲学发微 [J]. 现代哲学 ,2019(2):125-142.

周宪 . 福柯话语理论批判 [J]. 文艺理论研究 ,2013,33(1):121-129.

四、博士论文

方金奇 . 情 :《庄子》的存在之思 [D/OL]. 上海 : 华东师范大学 ,2018. https://kns.cnki.net/kcms2/article/abstract?v=Uq4Diyda8XC3PSXAui2P

eGyL4cU9bqJgOZQGWClaX6bizCB−keJ0fUBQTODPcD3CtrRBu−mEt−
onh2IFSWqyiwFSrHUSS−1lGfUOANtp832Syio75Ni−C2LbieRMQNkKAXt_
VFIWQyZOcQG7cb4xFMqnhbPhq−56HUz−Gzyk2v9n8KgImLu3jRto14lOIid
u05DgkfwXwq8=&uniplatform=NZKPT&language=CHS.

姜哲基.《庄子》的 "真知" 研究 [D/OL]. 济南：山东大学 ,2017.
https://kns.cnki.net/kcms2/article/abstract?v=Uq4Diyda8XBAOhKY8C
8yJjZ93−IABxU−IhxrCXE7hv7qmKAGcoEK−h00T4xs−YEKufhRwfM_
tSxr0qFoJDPRVrrR_KncMRZkSXRB_79GmtoX04suWcUaXaZnvvtWtuS4Plw
MTn2xOV8rbl0IZncCyMKgdwMBpnW4RyCu1ZZCUhaFtY1bE4FPA0pUhVX
gtwBPEk5ttiJ5bzE=&uniplatform=NZKPT&language=CHS.

李汉兴 . 庄子 "逍遥游" 及其阐释路径研究 [D/OL]. 上海：上海师
范 大 学 ,2017.https://kns.cnki.net/kcms2/article/abstract?v=Uq4Diyda8XBri
OQr94ieEqAy6XMoTXBHahEbyNNhNKqYJBbqyMExirHlMHpMcCtAY27a
fTm0t6AgZauuYtk6O83aeUfAbC_mY1SS4ayp8uQBu005UzOciL7oWMR6K
zoQc88GehGZwyGIKs0Zfg8jglzHeRS2lL50Qem0Z3iwfOzeonlQL3utA1wm_
I0Yv_7VSxNVy−Ry8Wc=&uniplatform=NZKPT&language=CHS.

马颢 ."顺物自然"——《庄子》哲学研究 [D/OL]. 上海：复旦大学 ,2010.
https://kns.cnki.net/kcms2/article/abstract?v=Uq4Diyda8XAGOnOQucLV74_
giNgBaIYD6_bgZwdcCTsxx0knPSQB502skXI6O69yKuNTDTeLFYbKnSi24G
qygNmPQdiYpS6yx9M0eD81rpFbuKLpxwrIvKp_o58dlcr9GJajYyLTjl3agFB
HD2kst6IL1rK−MW8j_XdYdjIiovz_PMvGAfHOiC−0JuvTT3IS&uniplatform=
NZKPT&language=CHS.

史国良 .《庄子》内篇研究 [D/OL]. 兰州：西北师范大学 ,2008.
https://kns.cnki.net/kcms2/article/abstract?v=Uq4Diyda8XBAwK69D3Noph
DmbsqmRRrPWJCGOIKAV0yoCpSDIYfsPzzKiQ41I−gw9fAW4dzoE9yMf−

hVKvrvsIkswmUG889OBMM1vUu6wWUT4uCGFJpD7eGawFehZqnVs0T1
mIULDpwFqYsgSN8BNBi_NulOjGgida43LHzM0pPWBLeXv–I0viZ6AOsI06
Qd&uniplatform=NZKPT&language=CHS.

王英娜. 近现代庄学新变研究 [D/OL]. 济南：山东大学 ,2020.https://
link.cnki.net/doi/10.27272/d.cnki.gshdu.2020.000109doi:10.27272/d.cnki.
gshdu.2020.000109.

肖妹. 知与真知——《庄子》认识论研究 [D/OL]. 上海：华东师范
大学 ,2016.https://kns.cnki.net/kcms2/article/abstract?v=Uq4Diyda8XDaY
DvFkaVyzi_xqJzSCeLxEuVpH0wzp1b5Ps1kVTNAuPFn55PBrCD4ue0BxV_
buX5DHUKSVg4ZlfCzJz4c1yiE8DefFI4YtbOMCAGPmqCU4OH8V3RGzhn
FczSSCDLHbxU7jhYy6aQZ5MDYcWxyVHQAcNiXUmxel6w6xHfz9rIDQ–
fSlVXuC_NHm06MPPcLPoI=&uniplatform=NZKPT&language=CHS.

徐硕. 政治哲学视域下《庄子》天下思想研究 [D/OL]. 长春：东北
师范大学 , 2022.https://link.cnki.net/doi/10.27011/d.cnki.gdbsu.2022.001670doi:
10.27011/d.cnki.gdbsu.2022.001670.

张景. 论庄子的双重生存世界 [D/OL]. 长沙：湖南大学 ,2016.https://
kns.cnki.net/kcms2/article/abstract?v=Uq4Diyda8XDbd7idH3E1hjBLXDe
rGJcKSHWL41EPOVnAE9IPYiIIqr2X_BI62WYF4YQw7QsKS92Y8u3W
pguYGDZ2zpp0TQZ3VzL2rGrZvD5Mlp3OUJ0gqqA–BSI3YJ4ESMhrj–W–
AnrV86amXfYOc6WaWsle3–KdNAaqvI_Jz60Ea7D4ErGg4X_UqaLUexzJCR
hTuKd7OAI=&uniplatform=NZKPT&language=CHS.

赵丽端. 在通与独之间 [D/OL]. 上海：华东师范大学 ,2014.https://
kns.cnki.net/kcms2/article/abstract?v=Uq4Diyda8XDI3Uut_V_edYt8zZlmvle
DajGUm7pieBhGKXgA–0ULeOcinQWqFWFDMO3CN–XIpul9Ph67tPE–Ml–
b5ZrAv5OnOfTfXNEri231gRDBVLLtSz5o54vf_PqSoaSQxcMhVSwYaAzHW1

223

OCY8JH2XG8jdnJJ06Nn1BtcmXl7d8v0MKKb6TLA7OjyBfP&uniplatform=N
ZKPT&language=CHS.

朱韬 . "坐忘"思想史论 [D/OL]. 西安 : 西北大学 ,2021.https://link.
cnki.net/doi/10.27405/d.cnki.gxbdu.2021.000064doi:10.27405/d.cnki.gxbdu.
2021.000064.

五、外文文献

BRUYA B J. The rehabilitation of spontaneity: A new approach in philosophy of action[J]. Philosophy East and West, 2010, 60(2): 207–250.

CHIU W W. Zhuangzi's knowing–how and skepticism[J]. Philosophy East and West, 2018, 68(4): 1062–1084.

HÖFFE O. Lebenskunst und Moral[M]. München: C. H. Beck Verlag, 2007.

JAMES W. The Varieties of Religious Experience[M]. London: Longmans, Green & Co., 1902.

LAI K. Freedom and agency in the Zhuangzi: Navigating life's constraints[J]. British Journal for the History of Philosophy, 2021, 29(1): 3–23.

LEVINOVITZ A. The Zhuangzi and you 遊 : Defining an ideal without contradiction[J]. Dao, 2012, 11(4): 479–496.

LUGONES M. Playfulness, "world"–travelling, and loving perception[J]. Hypatia, 1987, 2(2): 3–19.

NELSON E S. Daoism and Environmental Philosophy, Nourishing Life[M]. London: Routledge, 2020.

ROSS S D. Perspective in Whitehead's Metaphysics[M]. Albany, New York: State University of New York Press, 1983.